TWISTED LEADERSHIP

HOW TO ENGAGE THE FULL TALENTS OF EVERYONE IN YOUR ORGANIZATION

一线总监的10堂领导课

［美］查尔斯·C. 曼兹（CHARLES C. MANZ）［美］克雷格·L. 皮尔斯（CRAIG L. PEARCE）◎著

汪莹◎译

北京联合出版公司
Beijing United Publishing Co.,Ltd.

图书在版编目（CIP）数据

一线总监的10堂领导课 / (美)查尔斯·C. 曼兹，(美)克雷格·L. 皮尔斯著；汪莹译. -- 北京：北京联合出版公司，2019.6

ISBN 978-7-5596-3132-9

Ⅰ. ①一… Ⅱ. ①查… ②克… ③汪… Ⅲ. ①领导学 Ⅳ. ① C933

中国版本图书馆 CIP 数据核字 (2019) 第 063692 号

著作权合同登记：图字 01-2019-2006

一线总监的10堂领导课

项目策划 斯坦威图书 

作　　者 (美)查尔斯·C. 曼兹 (美)克雷格·L. 皮尔斯

译　　者 汪　莹

责任编辑 龚　将　夏应鹏

策划编辑 李佳铌　肖　宇

封面设计 异一设计

北京联合出版公司出版
（北京市西城区德外大街83号楼9层　100088）
天津中印联印务有限公司印刷　新华书店经销
100千字　710毫米 × 1000毫米　1/16　12印张
2019年6月第1版　2019年6月第1次印刷
ISBN 978-7-5596-3132-9
定价：49.00元

首先，我们用这样极其轻描淡写的一句话来开篇：

对于领导力而言，现在是个有趣的年代。

确实如此。如今，领导者滥用职权的现象日益泛滥，全球大众对这一发展趋势表现出了前所未有的担忧。

实际上，把“扭曲”(Twisted) 和“领导力”(Leadership) 这两个词结合到一起，可能会让人联想到自私、自利、自恋的领导形象。那些担任了所谓的“领导”职位的人手握大权，为了一己私欲，而走上自我毁灭的道路。

首先，我们想阐明的是，在本书中，“扭曲领导力”（Twisted Leadership）代表的是另一个完全不同的含义。可以这样说，我们是从“武术精神”“冲突管理”“以机会为导向的社会互动策略”的角度来运用这个词的。为了实现集体的利益，我们不仅要运用合作的力量，还要化冲突为力量，化抵抗为动力。接下来，让我们来总结一下“扭曲领导力”到底代表的是什么，以及不是什么。

扭曲领导力

不是集权、自上而下、滥用职权、满足私欲、滋生腐败、基于职位的领导力。

而是紧密相连、彼此增强、不断发展、参与度高、基于过程的领导力，即“四维领导力”。

目　录 CONTENTS

第一部分　普遍存在的领导力问题

第二部分　领导力问题的解决方法——四维领导力

第三部分　如何实践四维领导力

第一部分

普遍存在的领导力问题

现在到了改革求变的时期。如今的领导力是乱象丛生。为了解决这些“领导病”，许多所谓的领导学家和自封的大师都提出了各自的治疗方法。但是，他们所宣扬的方法大部分都是基于某种“神奇的魔法”，而不是基于可靠的领导科学。这些所谓的专家向我们兜售的是一种毒药，而非解药，反而会促使领导病的滋生和蔓延。

“领导病”指的是一种过分强调集权、自上而下、等级森严的领导方法，简单地认为领导就是一名委任的上级，他影响着底层的下属。这种错误的领导观点在媒体的鼓吹下愈演愈烈。在媒体上，我们经常看到某个具有领导气质、英勇气概、充满远见卓识的领导者，凭借着一己之力，激励并领导着团队达到了一个新的高度。这种过分简单化的领导形象，在媒体的宣传下，受到了消费大众的喜爱。但可悲的是，这种领导观点是危险的，它不仅助长了腐败、权力的滥用，还会导致人才的浪费。

本书旨在为上述领导病提供一种终极的解决方法：四维领导力，它由四种领导力组成。这是一种新型的、强效的、综合的治疗方法，能够有效地将领导病从系统中根除。而且，我们开出的“解药”可以扭转困境，化困难为机遇。比如，从“失败”中汲取经验，最终取得成功；从分歧和冲突中，迸发出创新的力量（找到突破性的点子）……就像我们在做柠檬汁的时候，把柠檬上下拧转，用力地将柠檬汁挤出来。

更重要的是，本书提供的方法将这四种互补的力量结合在一起（扭在一块），创造出巨大的协同增效领导力。我们把领导比喻成在拧绳子，把“四维领导力”里的四种实际、互补的策略比喻成四根线：自我领导力、超级领导力、共享领导力和社会责任领导力。这四根线就是四种“四维领导力”，它们能够相互补充、彼此增强，并形成一种新的领导力，一种全面的、有效的、可持续发展的领导力，它非常适合当今动态的、复杂的社会环境。这四种领导方式中，每一种都是科学研究中越来越受人关注的内容。将这四种方法结合在一起，就为领导病提供了一个全面的、有效的解决方法。

第一章

你的领导力有问题吗?

如今的商业、政治和非营利领域都受到一种领导病的困扰。那什么是领导病呢？领导病是过分强调一种领导集权、自上而下、等级森严的领导模式（见图 1），这是一种过分简单化、形式教条、目光短浅的观点。很多领导都“感染”了这种疾病——他们被权势冲昏了头脑。他们认为，荣登了领导职位就好像有神授意，变得不可一世，觉得自己比其他人都要更聪明，将自己的意愿凌驾于其他人之上。我们肯定都见过这种人。

图 1　领导病

领导病中的领导形象。

在中央集权、自上而下、等级森严的领导模式中，领导被视为是一种角色，这种观点不仅助长了腐败、权力的滥用，还会导致人才的浪费。

在各行各业，我们都见识过这种领导病，甚至在学术界也不能幸免。大家以为学术界本应是一个极度崇尚自由、包容、开放精神的地方，但并不总是这样。我认识一个系主任，对他最佳的描述就是一个自大狂。他对待教师武断专制。但是对待那些阿谀奉承的人，他优待有加。在分配奖励时，他完全无视教师的工作表现。不过，虽然他对待教师的态度不好，但是和他对待职工的态度相比起来，这都不值一提。他如此过分地欺凌教职工，令人十分不满。员工们试图纠正他这种行为。于是，学校全体教职工甚至集体上诉，要求罢免他的职位。但是这位系主任的好朋友，一名高层管理人员（也是一名极端的自恋狂），对他这种滥用职权的行为却轻描淡写地一笔带过。因为这个系主任，许多教职工（最优秀的教职工）决定离开这所学校。实际上，这种身患重症领导病的低层独裁者随处可见。但问题是，为什么会这样呢？

起初，这些“领导者”一般都很有魅力。而且，他们通常能带来短期的效益。但是，随着时间的推移，人们最终会认清他们的真实面目，而这些有领导病的领导者最终也会离开当前的岗位，到另一家新的机构继续祸害别人。但是，为什么他们能够一直获取新的高位，为什么他们又能不断地滥用手中的权力呢？其中一个重要的原因是，当下属们最终摆脱了这个独裁者，他们觉得太开心了，所以没有向下一个不明真相的新机构揭开这位领导者的真实面目。另外还有一个原因，劳动就业法通常不鼓励员工向未来的雇主告知前任领导者的真相。

对于这种领导病，教育者们也应承担一部分的责任。我们来回顾一下，领导学思想和教学背后的理念有哪些？人们对领导的定义，一般指的是身居领导职位的人，他们拥有自上而下的影响力。这种定义本身就体现出权力分配的不平等，它侧重于强调担任领导职位的人对其下属或者追随者行使权力。其中，基于“代理理论”（agency theory）的领导力学派是最糟糕的一种，但是这种理论却深受商学院教授的欢迎，它最主要的观点就是大部分的人都爱“磨洋工”，公司的老板要特别留意这些“磨洋工的人”，以防他们做出“有道德风险”的事情，比如，员工不负责任，或者为了追求自己的利益而损害机构的利益。基于这些假定，这种理论的推崇者认为应该采用极端的控制，以及严格的奖惩制度，作为管理员工最主要的手段。在这种思维模式的影响下，难怪催生了那么多渴望权力的公司独裁者。

这种领导方式所推崇的观点是，在管理和领导员工的时候，我们应采用中央集权、等级森严、短视的领导模式。这种理论成为了大多数领导力研究和教学的基础。虽然在现代领导学研究的影响下，许多人认为领导科学已经取得了长足的进步，领导再也不是传统观念中那种自上而下、独裁专治的老板形象。但是，领导仍普遍被视为是一种角色，是由一个人担任领导的职位，其他的人都是他的追随者。领导人学会如何运用手中的权势，对下属施加影响，以达到满足自我欲望的目的。

在20世纪之交，兴起了一股科学管理运动。当时的管理思潮，作为科学管理运动的主要内容，就是深深地植根于这种领导观点。这种领导风格的领导者被称为是强势型领导，或者指导型领导。他们强调命令和控制，一般利用员工的恐惧心理，采取威慑的手段，以获得下属的服从。

这种领导风格的另一种表现是交易型领导，一般更容易被接受。他们侧重于基于奖励的影响力，但强调的仍是一种由上而下的权力。另外还有转换型的领导风格，一般指的是具有远见卓识的、富有领袖魅力的领导者，他们通过有效的沟通来激励下属，或者通过共同的愿景来凝结人心，因此人们对这种领导风格的评价更为正面。即便如此，这种领导风格仍旧强调的是某个领导人的影响力。为了将“磨洋工”的人管理好，领导者才是知识和智慧的主要拥有者，以及决策的主要制定者。

实际上，这种领导观点受到越来越多的领导学专家的质疑。他们认为，这种形式主义的、由上而下的领导观点过于浪漫化。但是，在当代的企业管理理论和实践中，这种错误的领导观点仍旧发挥着重要的影响力。为什么会这样呢？

有社会科学家指出，人们在无意或有意中，对领导者的行为持有一种根深蒂固的观念，并且会依照这种标准对领导者进行评价。这种观念也被称为是一种“成见”，它通常是文化、历史和媒体共同影响下的产物，一旦形成则极难改变，即使有强有力的证据证明这种观念是错误的。而且，有研究显示，个人的成见如何逐步获取社会的认可（每个人的同意），成为大家共同持有的观点。另外，媒体上刊登的一些领导报道，也进一步加深了人们的这种成见。新闻报道经常对某个领导者进行大肆的吹捧颂扬或者诋毁中伤。（媒体在报道公司的业绩时，不进行深入的调查，而只是关注领导者的个人行为，这当然要简单得多。这听起来是不是和某些假新闻很相似？）

遗憾的是，对于这种领导病，绝大部分的学生也需要负一定的责任，而他们的教授则是从犯。学生要求教授传授简单化的领导模式，因为这种模式在考试时更容易被记住。至于那些教授更为复杂的领导艺术的老师，反而受到学生的惩罚。学生们一般对这些可怜的老师评分很低。

因此，把“领导当作是一种角色”，这种观点是在多种因素的共同作用下形成的。虽然如此，这种领导观点的形成还有其历史原因。我们认为，追本溯源才能更好地砥砺前行。所以，在下一章，让我们一起追溯领导病的历史，一探究竟。

第二章

领导力出问题的原因

那么，现在让我们一起回顾历史，了解一下领导病是如何发展到今天这个地步的？领导病在商业、政界乃至非营利机构如此猖獗，其原因是什么呢？

人们对领导学的正式研究开始于工业革命初期。正如一名法国经济学家让·巴蒂斯特所说，企业家“必须掌握监督以及管理的艺术”。在工业革命时期，一个最主要的工程项目之一就是修建铁路，而当时的铁路分布得太广。为了管理并协调好如此庞大的人力物力资源，组织管理机制应运而生，并得以实施推广。丹尼尔·麦卡勒姆（Daniel C. McCallum）是当时最著名的铁路企业家，他创建的六大管理原则，其中一条最重要的、和领导力直接相关的原则就是统一指挥原则，即组织的各级机构及个人必须服从上级的命令和指挥。这意味着上级领导下达命令，而下属必须服从命令，权力自上而下。因此，在工业革命初期，领导力思想的萌芽所包含的观点是：中央集权、自上而下的领导力才是最佳的组织工具。

在20世纪早期，随着管理科学的发展，这种主流的管理和领导学观点得到进一步强化，大家把领导力看作是一种单向的、从上而下的影响力，特别是，管理科学将经理和工人的职责割裂开来，即经理的职责是找到实现目标最佳的方法，而工人的职责就是严格服从管理层的命令。在这种管理学的思潮中，追随者绝不可能在领导过程中发挥任何作用。

在20世纪40年代，现代管理学之父彼得·德鲁克（Peter F. Drucker）在阐述领导力的时候，引用了他曾经和一名在美国国家劳工关系委员会（National Labor Relations Board）工作的朋友的谈话内容。当彼得·德鲁克指出工人和管理人员具有共同的利益时，遭受到他朋友的驳斥：“任何提出这种想法的组织，就是公然违背劳工法。”当时，关于领导力的观点就是分权而立，即员工的权利只限于劳动合同里所规定的权利，而管理层的职权则是在劳工合同的范围内给员工下达命令。简单而言，就是自上而下的领导方式。

图 2

阿克顿勋爵的这句名言阐明了领导病的本质。

现在，“领导力”一词涵盖了多种意思，比如交易型领导方式、变革型领导方式和授权型领导方式。显而易见，这些都是用来替代早期工业组织中的独裁型领导方式。不过，大家普遍的观点仍是：领导是专属于某个人或某一小部分人的特权，影响力是自上而下的。这一理念深深地植根于大部分的领导力培训和发展计划中。因此，我们一直在为这种领导模式的发展推波助澜，以至于领导病也在暗中不断地溃烂扩散。“权力往往导致腐败，绝对权力导致绝对腐败。”19 世纪阿克顿勋爵（Lord Acton）的这句最广为人知的名言，非常好地总结了领导病的本质。接下来，在第三章，我们将阐述领导病所带来的种种不良后果。

第三章

不同类型的领导力问题

可悲的是，有许多误入歧途的领导行为带来了种种恶果。实际上，现在的领导贪污腐败、滥用职权的现象比比皆是，人们已经变得麻木，早已将其视作一种常态。例如，近代发生的一些企业丑闻，阿德尔菲亚（Adelphia）通讯公司、安然（Enron）公司、世通（World-Com）公司、泰科（Tyco）国际和其他公司的财务诈骗，丰田汽车以及英国石油（British Petroleum）公司的丑闻，简直是赤裸裸的道德沦丧，让整个商界都陷入了信任危机。

如果我们把目光从企业机构投向国家机构，那么领导病所造成的影响则更为可怕。不幸的是，这个恐怖的领导群体还非常庞大，比如一些集权国家的领导者，他们权势熏天，人民在他们的领导下过着苦难的生活。另外，叙利亚的巴沙尔·阿萨德也是一个一切以自我为中心的暴君，为了抓住手中的权势不放，导致整个国家分崩离析。还有，南非的雅各布·祖马，在他的领导之下，原本非洲大陆最发达的国家，现在变得千疮百孔。这种例子太普遍了，以至于列举这些有领导病的领导者几乎已成为一种老生常谈。

还有一些更极端的领导病的例子，比如，掌管着成千上万名员工的公司老总，或者领导着成百上千万的人民的国家领导人，他们在领导岗位中所做的决策错得离谱，简直就是滥用职权的典型体现，严重地暴露出他们腐败的价值取向。因此，如果领导者一旦有剥削的机会，就会贪污、腐败、不惜损害他人利益，以满足自己的私利，这些行为俨然已经成为一些领导者的典型特征。

现今世界里，高官落马的例子太为普遍。例如，组合国际(Computer Associates)的执行长兼董事长桑杰·库玛尔(Sanjay Kumar)、安然(Enron)公司的前财务长安迪·法斯托

（Andy Fastow）以及麦道夫投资证券（Madoff Investment Securities）公司的伯纳德·麦道夫(Bernard L. Madoff)均因其罪恶行径，特别是经济诈骗，而被判监禁。

当然，腐败现象不单单是美国境内才有的问题，这已经成为一个全球性的问题。例如，尼日利亚的腐败现象猖獗，整个社会一片乌烟瘴气。因为腐败的问题，州长接二连三被撤职，但是问题还远不及此。最令人伤心的是，虽然尼日利亚的人民反腐呼声很高，但不懂得利用职权来敛财的领导者却受到大众嗤笑，被称为是超级大傻瓜。因此，尼日利亚的人们一边在谴责腐败，一边又希望自己能有腐败的机会，可以从中牟取利益。

本书中，我们使用领导病这一比喻说法，就是为了更好地描述这个问题的范围之广以及其性质之严重。领导病可以表现在各个方面，包括腐败行为，即领导者违背道德的行为；滥用职权，即领导人以权谋私，不惜牺牲他人的行为；还有人力的浪费，即领导者仅考虑一己利益而造成的人力浪费。其中，最后一点体现在两个方面：第一，这会导致员工的效能低下；第二，公司和国家濒临灭亡，使成千上万的员工或人民失去了工作和发展的机会。这些都是因为领导者盲目追求错误的目标而造成的。这些领导病都是缺乏社会责任的领导者的典型特征。

在全世界范围内，人们一方面越来越重视企业的社会责任问题（CSR），但另一方面，企业社会责任缺失（CSIR）的事件也在不断攀升。有证据表明，一些领导者参与了CSR以后，就觉得自己在道德上获取了许可证，可以触发CSIR——他们觉得自己做了善事，“我就是好人”，就可以心安理得地做坏事。企业社会责任缺失（CSIR）有多种表现形式，例如，浪费员工的才能、为了谋取私利而损害他人的利益，以及彻头彻尾的贪污腐败，乃至完全违背企业的社会责任。最常见的现象就是践踏他人利益的不道德行为。还有更为极端的例子，有些领导者利用手中的权力谋取私利，而不惜牺牲所有员工、股东、组织的其他利益关系人，乃至牺牲整个社会的利益。最近，高层领导贪污腐败以及滥用权力的案件频频发生，使得人们越来越关注企业社会责任缺失的问题，这也对21世纪的人力资源管理的理论和实践提出了巨大的挑战。

而且，企业社会责任缺失的问题不仅只存在于高级领导层，它渗透在企业以及政府机构的各个级别。所有的这些个体行为累加在一起，所产生的破坏作用是巨大的。不过，在大部分的情况下，我们只注意到企业高级领导者以及政府高级官员身上的社会责任缺失问题。当然，他们身居高位，造成的影响也更为深远。

自然，研究者们也在调查为什么现在腐败以及企业的社会责任缺失问题如此猖獗。从哲学的角度来看，毫无疑问，在人类社会的各个层面，道德标准都占据着重要的地位。不过，我们如果从心理学的角度来观察这个问题，就能够更深入地了解，是哪些深层次的心理机制激发了企业缺乏社会责任感的问题，包括道德认知发展水平（道德推理水平）、控制点理论（Locus of control，认为自己可以控制事件发展的程度）以及马基雅维利主义（Machiavellianism，相信为了获得权势可以不择手段），这三种心理机制都可以用心理测试检查出来。基于检查结果，我们都可以预测出腐败和企业社会责任缺失的问题。在这些问题上，领导者，特别是高层领导，才是关键所在，因此我们必须要加以重视。

贪污腐败、企业社会责任缺失并不是什么新鲜的问题。在1961年和1977年，针对《哈佛商业评论》读者所做的调查显示，一个人之所以做出违背道德的行为，首先的原因就是其顶头上司的作为。近代，也有很多调查明确证明，领导者才是导致制度化腐败最主要的原因。在组织机构里，下属会把领导当作自己的行为表率。对待腐败行为，领导者可以选择视而不见、容忍宽恕，甚至怂恿鼓励。领导者，尤其是更高级别的领导者身处高位，能为腐败打开方便之门。企业缺乏社会责任会给社会带来深远的影响，因此，我们需要更严格的审查，才能更好地保障集体的利益。

关于企业社会责任感失的行为，我们有各种不同的表达术语，包括反社会行为、不法行为、反人民行为、异常行为，以及腐败行为等等。但是，大多数的研究都只是针对组织机构里更低级别的问题。和制度化的腐败相比，低级别的腐败带来的危害真的是小巫见大巫。

有调查显示，员工的破坏、偷窃、报复、违法、挑衅，甚至开反社会玩笑的行为的发生率很高。当然，这些行为偏差肯定会给组织造成破坏性的影响。但是，我们还需注意到这一点，如果机构出现制度性的问题，最主要的驱动力一般来自领导的冒犯和欺凌行为。领导者对下属提出破坏性的批评，令员工感到愤怒或者紧张，于是他们开始反抗或者逃避——这会伤害员工的绩效。如果领导采取残酷的手段来管理员工，那么违纪的行为反而会增加；如果人们感到有剥削或压迫，那么他们的攻击行为就会越来越多；如果领导者是暴君，那么组织就会无法正常运行；最后，如果领导事无巨细地微观管理，那么来自员工的抱怨、反抗、怠工以及旷工的行为则会越来越频繁。

在本章，我们阐述了领导病的各种表现形式。接下来，我们将概括一下领导者可以运用哪些类型的领导力来影响他人。

第四章

解决领导力问题的四个技巧

按照不同的领导方法（领导行为），传统的领导力实践可分为四种类型。针对这四种类型的领导力，各国研究者都做了大量研究，并形成了多种领导力理论（详见图 3）。这些领导力的研究一般都基于等级森严的领导观点，即委任的领导者领导，下属服从。但是，在本书中，领导力不仅指的是少数领导者所拥有的特权。组织或者社会的每个成员（无论他们是否处于领导职位）在社会进程的某个阶段，都可以实践领导力，他们的领导力来源于他们拥有的独特技能或者知识。

在本章，我们首先对这四种领导力理论进行一个概括。后面（第七章）我们将详细探讨有哪些具体的领导力实践，可以帮助组织成员有效地发挥他们的领导潜力。实际上，一个有效的领导力理论，它必须认可一种特殊的人际影响力，即组织中的每个成员都会影响他人，也要接受他人的影响，因此，每个成员都具有潜在的和现实的领导力。

图 3 对这四种常见的领导力类型进行描述，即人们用来影响他人的方式，包括指导型领导力、交易型领导力、变革型领导力和授权型领导力。有研究明确显示，这四种领导力既可以来自某个委任的领导，也可以来自其下属、追随者或者同事，是每个成员都具有的影响力。接下来，我们将对这四种领导方式进行更为详尽的阐述。需要注意的一点是，每一种领导力模式都有利有弊。我们将在图 4 中，分别阐述这四种领导方式适用于哪些情形，以及每种领导方式都存在着哪些潜在的弊端。还有很重要的一点，根据不同的情境和任务，领导者可以展现出其中一种领导行为或者所有这四种领导行为。

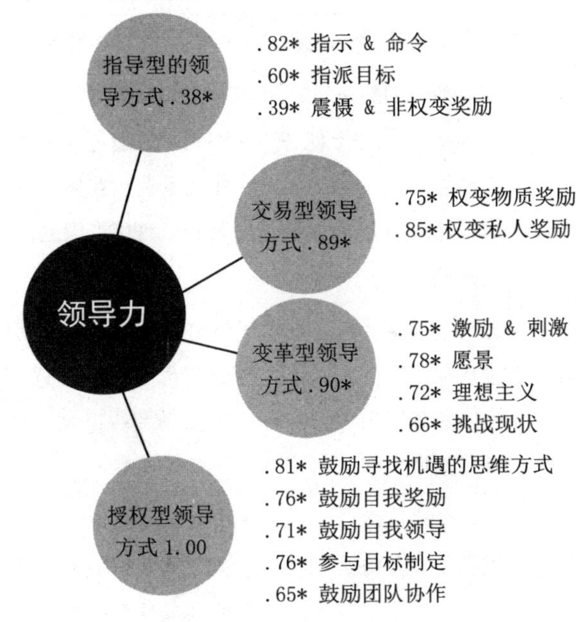

图3 主要的领导方式类型

如灰色区域所示，科学研究已经对这四种主要的领导方式做了清晰的界定。“列表中的项目”指的是和每种领导方式相关的具体行为。“数字”代表的是通过验证性因素分析方法（一种复杂的分析领导行为的统计方法）所计算出来的因子载荷（类似于关联程度）。“*”代表所有的因子都具有科学意义。

领导行为	什么时候 / 为什么使用	潜在弊端
指导型领导行为	• 缺乏经验的新成员 • 其他成员对这个任务不熟悉 • 急需采取行动（比如建筑物着火）	• 不利于追随者的发展 • 压力主要放在领导者的身上 • 限制了可供考虑的信息量
交易型领导行为	• 理性的领导力，起到强化作用 • 奖励典范行为 • 宣扬集体贡献	• 过分强调“外部”动机 • 限制员工的工作重心，导致他们只关注得到会受奖励的那些工作
变革型领导行为	• 提供全局目标 • 填补具体任务之间的空白 • 鼓励公民行为 • 提高组织成员面对困难时的韧性	• 容易和自恋相混淆 • 员工需要辨别领导者这样做的动机是否真诚 • 如果在无足轻重的小任务上过分地运用这种领导方式，也会令人感到厌烦
超级（授权）型领导行为	• 关注他人发展 • 鼓励勇于承担责任 • 提高内生驱动力 • 提高对组织的承诺	• 在授权时，领导经常不能明确地设定边界——界限一定要清晰 • 被授权的人必须具备相应的能力和责任心——并非所有的人都能被信任而委以重任

图 4　各种领导行为的利与弊

每种领导方式都有利有弊，领导者身上可能表现出多种领导行为。

指导型领导行为

正如字面意思显示的那样，指导型领导行为包括提供以任务为中心的指令。例如，对于新任职的员工而言，指导型的领导行为非常重要，因为新晋员工确实需要指导。指导型的领导行为能够帮助员工更清楚地了解任务要求。通常，一个高技能人才，无论他是否处于领导职位，都会把比他知识水平更低、工作经验更少的人当作接收对象，善意地提供有建设意义的指导和教导。指导型领导行为对于一个刚刚成立的团体或者小组而言尤其重要。比如，在处理工作任务、布置和分配工作、解决工作争端的时候，同事们可以互相指导、互通有无、共同探讨、各抒己见。这种情况就是一种共享的指导型领导行为。当然，指导型领导力还适用于急需采取行动的紧急情况（比如众所周知的例子，房子着火了）。

不过，指导型领导力也存在着一些潜在缺陷。比如，上级在领导下属时，如果过度地使用指导型领导方式，则会阻碍下属的发展。另外，与更为开放的领导风格相比，这种指导型的领导风格过分侧重于领导者的作用，而未能充分发挥员工的力量。

思科系统（Cisco）公司的前任首席执行官——约翰·钱伯斯，在他任期的后半段时间内，有意识地将员工更多地纳入到公司的领导过程中，让更多的员工能够参与到公司的决策和管理中。遭受互联网泡沫的打击后，约翰·钱伯斯回顾公司面临的问题时说道："过去，公司所有的决定都来自公司的十大领导人，然后由上而下单向传递。"后来，钱伯斯制定了周密的战略规划，采用共享的指导型领导力，并取得了卓越的成绩。钱伯斯说："董事会以及委员会（我们创立的）以惊人的速度大力推进革新。以前需要花费 6 个月之久才能启动的计划，现在只需 1 周零 15 分钟就完成了！"通过调动组织内各个级别的更广泛的领导力量，钱伯斯赢得了比那些依赖自上而下的指导型领导方式的竞争对手更为可观的回报。

交易型领导行为

交易型领导的特征是强调交换，通常以某种奖励（表扬、认可，或者报酬）作为交换条件，以获得期望的行为。虽然用金钱奖励一般属于上级领导的特权，但是其他类型的奖励方式也可以来自任何一名组织成员——这就是一种共享的交易型领导方式。从我们多年的咨询实践经验来看，可以这样说，有很多创新型的企业正在探索同事间进行金钱奖励的模式。

交易型领导方式的显著特点在于，它是一种理性的领导行为。大家都喜欢奖励，也都应该获得奖励。所以，我们在社交互动中，应该仔细考虑如何认可并奖励有效的行为，特别是“典范”行为，这很重要。这种认可和奖励既可以来自他们的上级，也可以来自同辈之间，这才是理性的领导行为。同样的道理，为了强化有效行为，我们应该宣扬并推广“典型”的事迹、突出的贡献以及集体的成绩，这点也非常重要。但是，交易型领导方式也有其弊端。它无意中可能会导致员工只重视外部奖励，特别是金钱的奖励。心理学家调查显示，实际上，交易型领导方式反而会降低员工的内部驱动力——人们可能会在外部奖励的驱使下做事，但并不是因为他们认为这样做是正确的。因此，我们不应该主要依靠或只是依靠交易型领导来影响他人，要当心过分奖惩的方式。

变革型领导行为

交易型领导行为所使用的奖励方式一般具有即时性，而变革型领导行为则更具有前瞻性，它侧重于运用情感共鸣、共同的愿景，满足更高层次的需求来影响他人，例如赋予个人影响力。作为组织的领导者，其中一个最重要的任务就是，为组织的共同愿景提供核心内容，但是其下属、追随者们在这个过程中也可以发挥作用。组织的愿景要想得到成员的认同，那么至少可以这样说，在制定愿景时，组织内部成员的共同参与就大有裨益。因此，共享的变革型领导行为有着至关重要的作用。而且，变革型的领导行为还可以弥补指令性领导方式的缺陷。它鼓励员工突破严格界定的工作任务，激发成员的组织公民行为，并提高其面临困难时的韧性。

当然，变革型领导行为也有其潜在弊端。例如，变革型领导者，无论他们是位于领导职位的领导，还是同级别的同事，他们都有着千差万别、多种多样的动机。有些人真的是把集体利益放在第一位，而有些人只是把变革型领导力作为一个幌子，以掩盖其自私自利的行为，他们渴望的是关注而已，所以，难点在于如何分辨他们真正的动机。我们只能说，“买家当心”，即如果有人宣扬高层次的目标（表面上看是如此），我们要特别留心他们背后真正的动机是什么。当然，如果过分强调这种变革型的领导力，特别是在处理一些无关紧要的小任务时，也会令人感到厌烦。

但是，共享的变革型领导力可以充分调动广大员工和志愿者的潜力。我们曾经访问过美国莱叶盲字学会的主席莱斯利·斯托克，他说道：“在制定共同目标的时候，大家都有发言权……关键是如何帮助具备最多相关知识的人成为领导，并提高其领导力。”

超级（授权）型领导行为

超级领导行为的关键是提供授权。在本章，我们先做一个简要的介绍。在本书的第七章我们将会更详细地探讨这个话题。超级领导行为与前面谈到的三种基本的领导力一样，既可以出自某个被委任的领导，也可以是其他非领导职位的组织成员。超级领导方式着重培养组织成员的自我管理和自我领导的能力，它可以促进集体成员的发展，增强其责任感、内动力和对组织的承诺。不过，运用超级领导方式时最常犯的错误就是，在授权时没有明确地设定边界。另外，还有很重要的一点需要注意，我们在授权时须确保被授权的人有能力完成这些任务。稍后，我们还会对此进行更详细的阐述。

第五章

领导是一个过程，不是一种角色

如今，领导病四处肆虐。若想找到治愈的解药，实现有效的领导，那么仅凭熟练掌握传统的领导方式还不够——即只使用指导型、交易型、变革型以及超级（授权）型领导方式来影响他人。我们一直受到的教导是，把领导力当作一种角色——即某个人担任领导的职位，而其他的人是追随者。但是，如果想要实施真正有效的领导力——“四维领导力”，有效地领导每个人，并让每个人都具备有效的领导力，那么我们需要对领导力的认识进行大幅度的修正。我们需要将领导力看作是一个不断演变的、动态的、复杂的社会过程（见图 5）。

图 5　领导力是一个过程

领导力是一个复杂的社会过程，领导者可以来自组织里的各个层别。

首先，我们需要做出一个重要的区分：经理并不一定是领导者。虽然经理的职位赋予了他管理的权力——管理某个项目、职能、员工，或者以上都有，他可能拥有某种程度的影响力。但是，领导者也可以指的是组织或者团队里的任何一名成员。领导者之所以具有影响力，是因为他具有领导特质；人们之所以追随他，是因为人们想要追随他。领导者可以影响他人，因为他具备了其他人所需要的或者令人敬佩的特征，例如，专业知识、经验、洞察力、创造力，或者临危不惧、镇定自若等等。

这种领导力的观点指的是任何一个团队都不能只依赖一个

领导者。根据具体情况，例如：项目、目标、知识、经验，或者团体的整体需求，团队可以动态地交换领导力。于是，在这个团队里就可以形成一种权力动态。这种权力动态超越了以一个人为基础的传统等级制度。为了更加简洁，我们将这种领导力的观点称为“四维领导力”，它由四种领导力组成：自我领导力、超级领导力、共享领导力，以及社会责任领导力。在历史的长河中，也曾出现过“四维领导力”的个例，但是这些例子一般都是意外、自然、无意识的产物。想象一下，如果我们能在组织里有意识地运用这四种有机结合在一起的领导合力，那么将会取得多么卓越的成绩。

现在，我们知道，在组织的起始阶段，就应该构建“四维领导力”。但如果这个组织机构已经很成熟的话，那么我们还可以在组织里逐步地营建四维领导力。我们知道，一个组织或者一个团队如果决定在他们的运营中鼓励并倡导共享领导力，那么这将会成为这个团队的部分“基因”。除了共享领导力之外，“四维领导力”中的其他三股领导力同样也是如此。

第二部分

领导力问题的解决方法

——四维领导力

若想有效地根除领导病，我们需要从根本上改变对领导力的认识、描述和构建。我们应该把领导力视作是一个不断发展的社会过程，而不是仅把领导力当作是由某个特定领导者所担任的领导角色。为了构建新的领导力模式，我们接下来将着重讨论这四种根除领导病的良药：

- **自我领导力**：破除将追随者看作是绵羊的观念。每个人都是领导——自我领导力。

- **超级领导力**：一种实际的、从制度上紧密联系的领导力方法，侧重于帮助组织成员提高他们领导自我以及领导他人的领导力（自我领导和共享领导）。

- **共享领导力**：在动态的、互动的领导过程中，几乎每个组织成员都可以发挥重要的作用。

- **社会责任领导力**：将领导力和服务社会的价值观联系在一起，关心所有利益相关者的福祉和需求。

四维领导力的理念就是：更广泛地发挥每个人的领导潜力（见图6）。在下面几章，我们将分别详细地讲述这四种领导力。

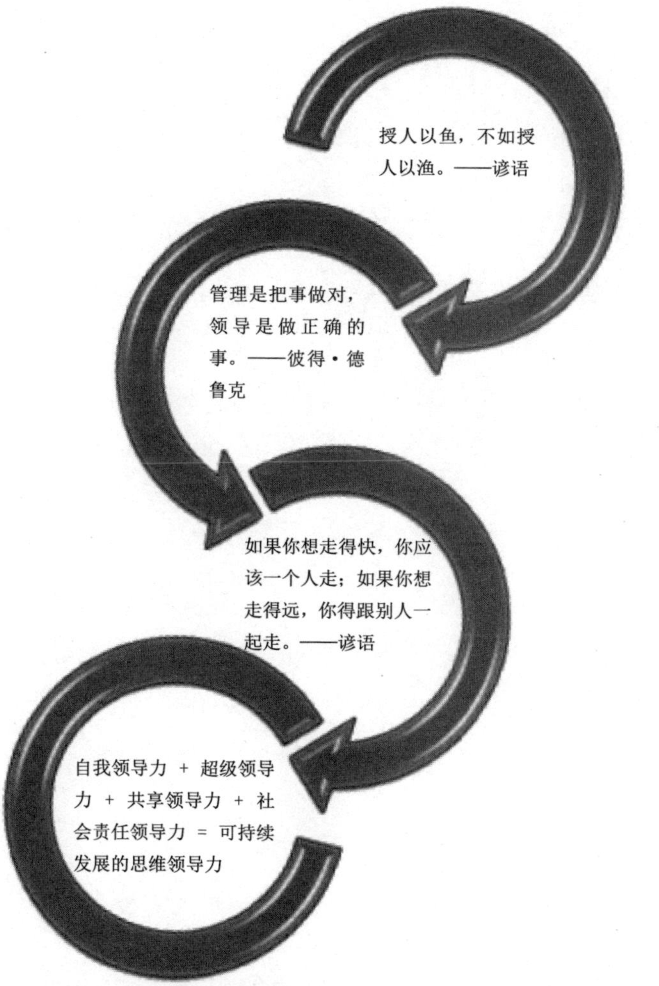

授人以鱼，不如授人以渔。——谚语

管理是把事做对，领导是做正确的事。——彼得·德鲁克

如果你想走得快，你应该一个人走；如果你想走得远，你得跟别人一起走。——谚语

自我领导力 + 超级领导力 + 共享领导力 + 社会责任领导力 = 可持续发展的思维领导力

图 6　四维领导力的理念

四维领导力旨在激发每个人的领导潜力。

第六章

维度 1：自我领导力

下面，我们将对自我领导力的本质特征做一个总结性的概述：

- 每个人都是（自我）领导者——一种自我赋权的领导力，能够激发每个人身上最大的潜能。

- 我们应该找到每个人身上最独特、最具价值的特质，并且帮助其增强这种特质。

- 释放每个人的自身潜力，让每个人的知识、经验以及能力实现最优化。

- 领导不仅是某个或某些担任领导职位的人。我们应在团队的各个层别，培养中流砥柱（自主且有能力的自我领导者）。

- 这种行为不仅适合单独工作的环境，同样也适合于合作性的工作。有需要时，团队成员能够勇于承担重任，为团队贡献自己的力量。而当需要其他人发挥领导职能时，他又能够卸任（让位）。

- 和共享领导力结合在一起使用，就能产生一种权力制衡（“我们”vs“我”），以遏制腐败／不道德的行为以及群体思维。

每个人都能自我领导，每个都具备自我领导的能力。但是，这并不意味着我们的自我领导能力很强，这也不意味着我们自我领导以及领导他人的能力没有大幅提升的可能。实际上，如果我们有意识地运用周密的自我领导策略，每个人都可以提高自我领导能力。如果一个组织能够认识，并且提高员工的自我领导能力——作为四维领导力中的一股领导力，那么这个组织将会因此受益无穷。但遗憾的是，现实并非如此。情况恰好相反，领导力通常被视为是一种角色，不断催生的是腐败和领导疾病，多么令人痛心啊！

一般而言，无论是关于领导力的研究还是文章，它们关注的重点都是组织里的正式领导，以及这些领导者是如何利用影响力来推动目标实现的。这种领导力的观点把领导看作是中央集权的职位，认为领导指的是在森严的等级制度中，某个或某几个位于领导职位的领导者。但事实上，每个人都具备自我领导的能力，我们每天都在进行自我领导。而且，有科学证据明确表明，人们有能力进行有效的自我领导。我们不仅要明白自己做什么以及怎么做的问题，而且还要明白为什么要这样做。自我领导力（见图 7）可以自然形成，可是，自然形成的自我领导力一般不是非常有效。因此，我们需要学习提高自我领导的能力和技巧，掌握自我领导力的策略，这很重要。正如我们刚才所说的那样，除了被正式委任的领导者之外，领导（以及他们对所谓的追随者所拥有的影响力）还可以指的是其他非领导职务的人。这种领导力观点与中央集权、等级森严的领导力观点形成了鲜明的对比，并提供了一种更优化的选择。

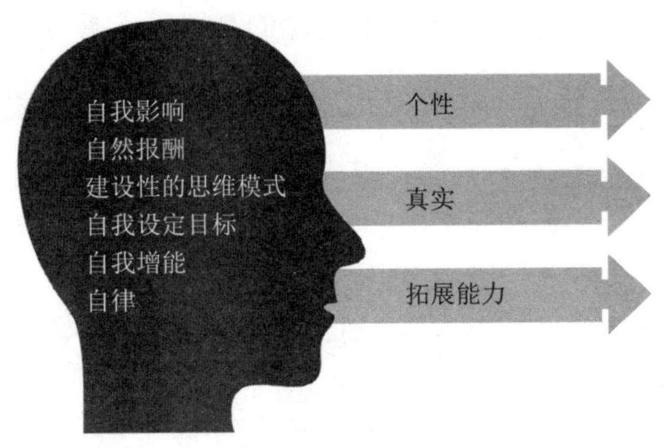

图 7　自我领导力

所有的人都有自我领导的能力。而且，有无数种策略可以帮助人们获得有效的自我领导力。

现在，自我领导力的理念已经运用在商业环境中。但在起初阶段，它主要源于应用心理学中以自控和自我管理为基础的研究。例如，有些研究是关于如何帮助人们纠正暴食、吸烟等恶习的，研究的主题一般是帮助人们如何做出更自律的选择。还有些研究是针对自我领导力的拓展理念，尤其是运用于职场的自我领导力。这些研究结果显示，我们无须划分领导者和追随者的角色，因为自我领导力是可以内部生成的。也就是说，领导者和追随者可以是同一个人，因为这是一种自我影响力。

自我领导力的理论表明，所有的人都能进行自我领导，至少在某些方面如此。自我领导力理论对那种把领导力看作是一种外部过程，即身居领导职位的人影响其他追随者的观点做出了有力的驳斥。但是，自我影响力的观点常常遭到人们的忽视，得不到认可，即使在严重依赖知识型工人，或员工赋权，以及自我管理的职场团队中，自我影响力在构建领导力的过程中同样得不到应有的重视。但是，组织需要认识到自我领导力的重要性和其潜在的贡献，这是实践共享领导力过程中的一个重要组成部分。在当今各种各样的成员参与理论以及成员赋权理论中，自我领导力是自我影响力理论中的一个高级模式。早期的自我影响力理念，例如自我管理策略，即通过自律策略进行自我管理，关注自我行为，以实现某一个目标和标准。不过，这种目标或标准一般都是由他人设定的（比如，正式的领导或老板，或者社会设定的普遍标准）。自我领导力理论不仅融合了各种早期的自我影响力理念，而且还对其进行了拓展。

自我领导力关注的问题，不仅包括如何通过影响行为来实现当前的标准和目标，还包括对标准的合理性进行评估和调整，乃至设定一个新的标准。这就意味着我们不仅要考虑应该怎么做，还要审视做什么以及为什么要这样做。自我领导力不仅注重策略，而且还包括运用自然或者内在的激励方式，以提高自我绩效。这对基于权力的等级制度和正式领导者的传统观点提出了直接的挑战。这也就意味着自我领导力是帮助员工增能，减少组织对传统领导职位依赖的核心内容。

自我领导力和各种表现形式[1]

自我领导的过程包含各种不同的策略，主要可划分为：关注行为策略（behavior-focused strategies）、自然报偿策略（natural reward strategies）以及建设性思维策略（constructive thought strategies）。

关注行为策略

关注行为的自我领导力策略包括：自我观察、自定目标、自我加强，以及自我批评。自我观察是通过观察自己的行为，获取信息，以便更好地了解自我动机和品性。自定目标指的是自我设定目标，以便更好地指导和激励自身的行为。自我加强和自我惩罚（或者自我批评）就是指通过对自己的行动（积极以及消极的行为）自施奖赏或惩罚的措施，以强化激励自身的行为。一般来说，有研究证明，对于很多类型的人而言，包括员工、大学生和培训生[2]，以上每一种策略都能实现提高绩效的目的，以及带来更多的积极成果（除了“自我惩罚”这一策略，它有可能会降低士气，反而无效）。

有研究显示，关注行为的策略之所以有效，是因为自我观察可以提高自我意识，这样我们可以通过更好的选择，运用其他的策略，以实现更积极的变化。增强自我意识是实现这一目的的重要基础。一般来说，有效的领导者比其他人更注重自我意识的增强，并为之付出更多的努力。把一天发生的重大事件记录下来，写日志、询问同事或领导的反馈意见等，这些都是我们可以使用的有效的自我观察领导策略。例如，关注行为策略可以用来促进身体健康，锻炼意志力，并改善全身心的状况。从这个方面来看，自我领导策略可能包括设定健身目标、强化健身动机，以及使用深呼吸和冥想的方式等放松身体的技巧。

自然报偿策略

自我领导力策略包括关注工作中积极的一面，享受工作本身带给自身的愉悦感。关键在于努力寻找或者增加工作或任务本身的积极属性，使其成为一种激励因素，而不是只关注任务之外的因素（比如得到的奖赏）。自然报偿策略就是指通过重新设计工作任务或者改变你对待工作的态度，使自己获得更多的自信、自制力、或者工作的目的。我们可以在自我领导的过程中发挥重要的作用。而且，如果工作目标和自我激励的任务增强了个体幸福感，实现了你的人生价值，那么又可以让你觉得工作更有意义。

即使是表面看起来卑微的工作，也可以通过拓展工作职责、提升工作目的和意义等策略[3]，对其进行重新阐释，使这个工作更加振奋人心。比如，有研究显示，对于一些本来就很沉闷的工作，我们可以有意识地关注这项工作任务的意义和目的，找到工作中自身激励的属性，建立更积极的关系。例如，护士为病人洗澡，其工作的意义和目的就是让病人感到更舒适。[4]

建设性思维策略

建设性思维策略是针对认知层面的自我领导，通过影响思维的重心和性质，使你的思维更有建设性。建设性思维策略包含预想成功、自我谈话、假想与信念评价，还包括整体运用这些策略，形成更积极的思维模式。比如，有研究显示，如果我们用更积极的思维模式，来替换失衡的自我想象、自我谈话或者自我假想和信念，那么就可以提高自我效能（成功完成某项具体活动的自信心）、培养持之以恒的毅力、设定并实现自我目标。所有这些策略都有助于增强个体绩效。

有很多研究针对建设性思维策略在各种情境下的运用进行调查。总体而言，调查结果显示，思维自我领导策略可以加速思维过程，提高关注力，培养有建设性的思维模式和习惯。建设性思维策略可以为我们带来多种积极的成果，包括提高创造力、促进学习、提高职场成功率等。

高层次的自我领导力

在我们将注意转向超级领导力（第二股领导力）之前，我们先考虑一下自我领导力对社会责任的支持，或者另一种说法：自我领导力修炼之路（见图 8），它主要包括三大因素：责任感、真实性、拓展能力。

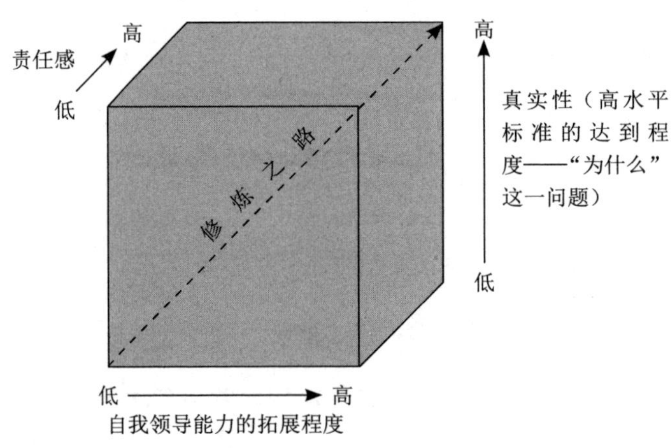

图 8　自我领导力的修炼之路

你可以通过提高责任感、真实性以及拓展能力，在自我领导力的修炼之路上不断前进。

- **责任感**——这个因素就是指有责任心和负责任的行为。

和企业的社会责任和社会道德相似，自我领导力中的这一因素关注的是广大人民大众的利益（如员工、市民、国际社会成员，以及一般的利益相关者）。比如，有道德心这一点彰显出更高层次的价值观（比如勇气、同情心、正直），也就是说，超越个体的价值观。

- **真实性**——这个要素主要围绕用更高的标准指导行为的重要性。我们主要关注以下几个问题：我们将要做什么，尤其是我们为什么要这样做，这就超越了应该怎样做的基本问题这一层面。在自我领导过程中，“真实性”指的是之所以如此行事的最根本原因是什么，以及这些原因和你个人价值观的契合程度。这就与为了其他外部原因，比如为了老板或者公司的标准和价值观而舍弃自我价值，形成鲜明的对比。

- **拓展能力**——这个指的是运用自我领导力的策略和方法，来提升其他各方面的自我领导拓展能力。另外，拓展能力与前面讲述的两大要素也能起到相辅相成、相互促进的作用。如果自我领导能力得到拓展，那么这将有助于自我领导者做出更符合自身价值的选择和行为，承担更大的责任和担当。拓展能力指的是在未得到充分开发的新领域，可以并且应该提升或者增加的新技能，例如，在自我领导过程中，我们可以保证自己的身体健康、提高情绪控制能力以及与人合作、团队协作的能力（如果这些领域相对而言一直受到忽视的话）。所以，拓展能力指的是我们不仅要增强已经熟练掌握和使用的自我领导策略，而且还要拓展其他各种自我领导能力。

图 8 显示的是自我领导能力修炼之路上的三大要素。如果我们提升了每一个要素——更注重责任感（不负责任的对立面）、以更高的标准指导自己的行为、提升全方面的拓展能力，那么通过自我领导实践，我们在自我领导能力的修炼之路上就可以越走越宽，越走越远。

所有这些都表明，最佳的自我领导力不仅在于实现高效能，而且要让自己的人生和职业更遵从本心、更负责任，并且通过持之以恒的学习，不断地提高自己的拓展能力。

每个人都有其独特的天性，他们的观点、动机等等也是各不相同，所以自我领导力的实践方法也是因人而异。一个比较综合的自我领导模式可以概括为以下七个步骤（见图 9）。

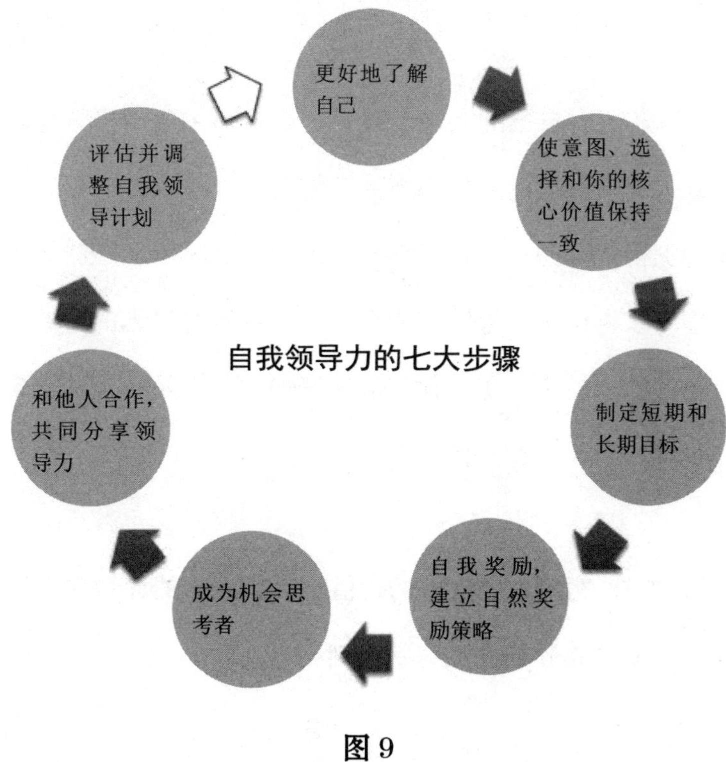

图 9

自我领导力的这七大步骤可以形成一个有效的自我领导体系。

自我领导力的七大步骤

第一步：更好地了解自己。

观察和研究自己的兴趣、优势、缺点、主要动机等等。随时跟踪你当前做出的选择和产生的结果。你可以把自己感兴趣的或者觉得重要的行为、思维和情绪的发生频率和趋势记录下来。你可以将记录结果制作成图表，或者用写日志的方式。你对自己的认识越多，那么你就能更好地制定以及实施适合自己的自我领导力计划和具体的策略。

第二步：明确内心深处的价值观，指导你的计划和选择，为最真实的自我领导实践奠定基础。

通过第一步，你找到了对你而言最重要的价值观。问问自己，你生活和工作中的哪一方面能给你带来最大的成就感和人生意义。然后，确保自我领导方法以及具体的策略与你最注重的核心价值观保持一致，为第三步设定自我领导力的目标奠定基础。

第三步：设定短期目标以及长期目标。

制定具体的、有挑战性的、可实现的短期和长期目标。除非你将自己的有效选择制定成具体的自我目标，否则就很难坚持不断地执行下去，提高绩效的实践目标也将难以实现。比如，你需要计划学习一个全新的、重要的知识领域，将每天的额外阅读量设定为30分钟。那么，你可能还需要设定一个每天快走20到30分钟的目标，才能让自己的思维更清晰，耐力更持久。并且，还要制定一个具体、长期的职业目标，明确你期望得到的职位以及想要在事业上获得的成就。

第四步：加入自我奖励，运用自然报偿策略。

将自我奖励融入到自我领导体系中，提升自我动机。当你朝着短期目标迈进，或者实现了短期目标时，奖赏给自己喜欢或者重视的东西（美食、旅行、令人愉悦的活动）。就你认为需要改善的领域，你还需要给自己提供建设性的、批判性的反馈意见。另外，运用自然报偿策略，找到活动和任务中本身令人愉悦的属性。重新设计任务，以便让它更适合你的兴趣和优势。

第五步：成为机会思考者，培养积极的思维模式（习惯）。

培养积极的、建设性的思维方式。关注机遇，而不是知难而退。平时，在挑战中不断寻找机遇，不要总是寻找放弃的借口，而停止尝试。同时，找到并识别自身的潜力和能力，成为富有创新能力的高效能者——要相信自己。能否成为一名高效能者，并取得事业成功的关键就在于你如何看待自己。告诉自己：每一次失误，每一次犯错，每一次未能实现某一个具体目标，都是为你在未来取得成功提供了一次进一步调整，还可以帮助你改进量身定做的自我领导体系的机会。

第六步：与他人合作，共享领导力，提升自我领导力。

与同事合作，互相支持。如果你决定和同事鼎力合作，和同事们相互鼓励，互补互进，那么你们的赢面就扩大了，成功的概率就增加了。团队合作、共享领导力是实现有效的自我领导的关键因素。通过团体协作、分享领导力，我们才能突破自我局限，极大地提高自我潜能。因为没有人是无所不知的，没有人能够在任何领域都成为能手。如果我们决定与他人合作，团结共赢，那么这就为增进学习、提高绩效以及提升潜能打下了一个良好的基础。

第七步：评估自我领导计划和方法，按需做出调整。

对现行的自我领导力实践进行检查评估。如有必要，增添新的、有用的自我领导策略。如果某一策略不起作用，则应大力摒弃；如果这一策略虽然有用，但是还需改善，那么对此做出必要的调整。总之，把注意力集中在有效的，或者可能有效的策略上，并减少无效的策略。不断地调整，制定出适合自己的自我领导模式，使之更契合你内心深处最重要的价值观，并且在未来能给你带来最优的结果。

反思时间

花点时间进行反思。你是否系统地考虑过自己是如何进行自我领导的？你能列出几种你曾使用过的具体的自我领导策略（列未来计划清单、为自己设定目标等等）？将你过去曾实践过的自我领导方法记录下来，并思考在未来，你打算如何进一步改善这些自我领导方法？自我领导力是如何让你的生活和事业变得更健康、更有效的？研究自我领导策略。你过去能够有效使用的策略有哪些？有哪些策略你还需要进一步加强，让自己运用得更加有效？最后，如果你打算对这七大步骤作出修改，使之更加符合你自己独特的需求和动机，那么你将会如何修改？花几分钟，现在开始重新撰写这些步骤吧。

记录自己的想法
你曾思考过，你是如何自我领导的吗？
你运用过哪些自我领导策略呢？
你过去实践过自我领导力吗？
在未来，你打算如何提高自我领导力？
自我领导力是如何让你的生活和工作更健康更有效的？

在过去，你能够有效使用的自我领导策略有哪些？
有哪些自我领导策略还需要进一步加强，以便你在未来能够更有效地使用？
如果你打算对这七大步骤作出修改，使之更加适合你独特的需求和动机，那么你将怎样进行修改？

第七章

维度 2：超级领导力

下面，我们将对超级领导力的本质特征作一个总结性的概述：

- 一个高度授权的领导方法——帮助人们更好地领导自己。

- 自我领导力和共享领导力的催化剂。

- 支持并帮助人们创建一个团队或合作环境，团队成员不只是服从命令，而且要全身心投入（愿意做得更多更好）。

- 超级领导力需要时间才能见效，所以最适合的情形是在非紧急的情况下——通过增强其他成员积极主动解决问题的能力，使他们更好地领导自己以及领导别人，这也可以减少未来危机以及紧急情况的发生。

- 调动所有参与者的知识、经验和能力，释放出团队的潜在合力。

- 使权力和影响力分散分布，抵制领导人“各霸一方”的趋势。

- 促进共享领导力和自我领导力发挥权力制衡的作用（“我们”vs“我”），以抑制腐败或不道德的行为并形成集体思维。

超级领导力，有时也被称为授权领导，这种方法注重于激发其他人的领导能力和最大潜能。从这个角度来说，“超级领导力”并不拘泥于我们自身的能力和局限，而是让我们作为领导者，通过调动其他成员的能力、知识和潜能，最大化地发挥广大大众的力量（见图 10）。

图 10　超级领导力

超级领导力通过提高其他成员的自我领导能力，来调动他们最大的潜能。

其他类型的领导影响力也能带来积极正面的结果，至少在短期内是有效的，但与此同时也会带来其他一些长期的问题以及副作用。每种方式都有其潜在的缺陷，可能会导致成员产生依赖。指导型领导者通过生硬的命令和控制方式来影响他人。而交易型领导者使用“胡萝卜”（奖赏），以及偶尔使用“大棒”（惩罚）的方法来施加影响力。这两种领导者都能获得他人的服从（人们愿意完成最低的要求，但通常也就仅于此）。相反，变革型领导者通过愿景以及激励的方式，更好地凝聚人心，实现超过期望的结果。下属不仅完成基本的工作要求，而且自愿做得更多更好。虽然以上这三种领导方式在有些时候、有些情形下都很有效，但是它们都是以领导者为中心的领导方式，有可能会阻碍下属自我领导力的发展，导致下属对领导产生依赖。但是超级领导力的领导者不是这样的。图 11 描述的是相比于其他的领导力，超级领导力所具备的不同特征。

传统领导力	超级领导力
• 人们是被追随者或者下属 • 权力是属于高级领导者的特权 • 领导的主要职责是制定策略、愿景、计划以及指导 • 领导是智慧的来源	• 人们是自我领导者 • 权力分享 • 领导的主要职责是指导和协调，帮助其他人实现自我发展 • 智慧分散于所有的知识工人

图 11　传统领导力和超级领导力的显著区别

超级领导者能够帮助他人提高自我领导的能力。他们以心理责任感和目的感为基础，提高他们独立自主的能力和相互依赖的团队精神（包括共享领导力），以及负责任的承诺精神。当今的世界错综复杂、瞬息万变、越来越基于知识，而超级领导方式的创建正好适应了现代领导力所提出的挑战。在艰难时刻，我们可以运用超级领导力来促进组织成员的自我发展。实际上，一个组织在打造综合的、健康的领导力文化时，超级领导力是其中最关键的一个组成部分。如果领导者以身作则，为下属作出表率，鼓励并激励其追随者勇于承担责任，做事积极主动，自己解决问题以及与他人合作的能力，那么领导者就是一名“超级领导者”。正如科学研究证明的那样，超级领导力真的有效（见图 12）。

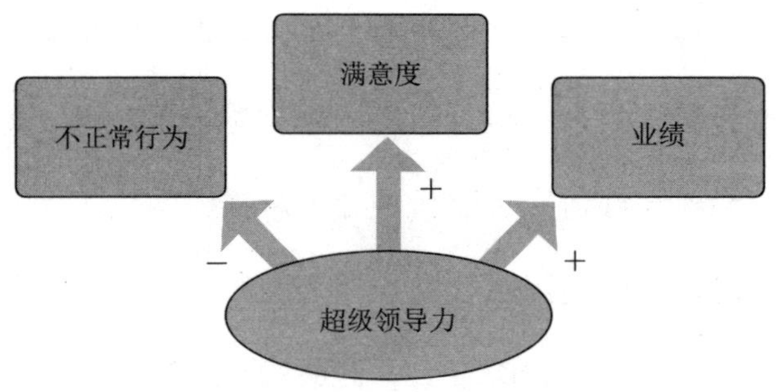

图 12　超级领导力的科学支持

研究显示，超级领导力不仅能减少不正常行为，还能提高员工的满意度和业绩。

来源：Vecchio, R.,Justin, J., and Pearce, C. L. 2010. “*Empowering Leadership.*” Leadership Quarterly 21(3): 530-42:

超级领导力的七大步骤

我们要想成为超级领导者，只需全身心投入即可。几乎每个人都可以掌握超级领导力的方法。超级领导力付诸实践的主要过程可概括为七大步骤（见图 13）。

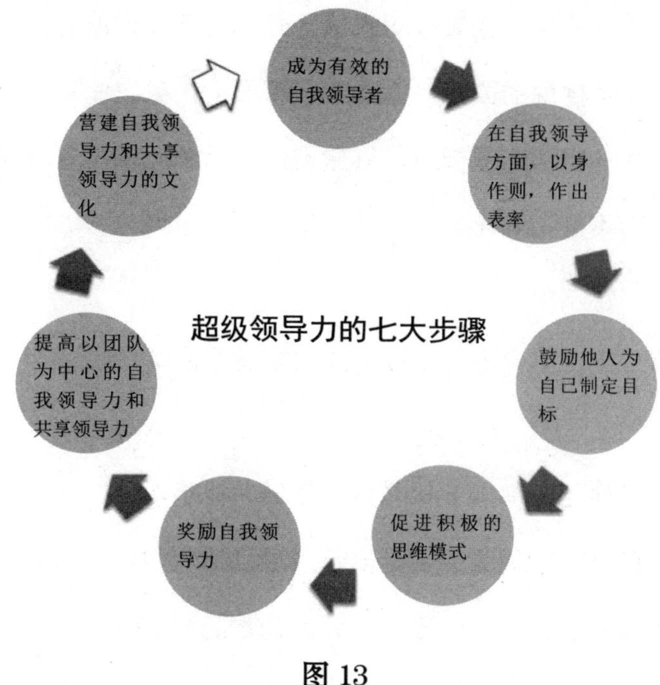

图 13

超级领导力的这七个步骤将会帮助你成为一名有效的超级领导者。

第一步：不断提高，成为有效的自我领导者。

成为超级领导者的第一步：提高自我领导的能力。你的自我领导力越强，那么其他人就越愿意追随你的步伐。首先，进行自我观察，增进对自我的认识。接着，制定具体的、有挑战性的并且能够实现的目标。每当自己获得了进步和成就，给自己奖励。你还可以在履行职责的同时，重新设计你的工作和生活，以增加愉悦的成分。比如，重新设定任务，使其更加符合你的兴趣和优势。积极地、有建设性地思考问题，主动地寻找机遇，而不是知难而退。

第二步：率先垂范，展示自我领导力策略。

一旦你已经掌握了一些自我领导的策略，那么你可以将这些有效的技巧向你的追随者演示，以供他们学习。示范时，要做到清晰明了、令人信服。另外，为你的追随者提供机会，让他们有机会尝试使用这些策略，并且鼓励他们根据自己的需求进行修改。如果其他人看到你把有效的，且适合自己的自我领导方式融入到日常生活，并且你公开表明自己将其列入生活重心，那么在你的示范影响下，其他的人也会跟随你的做法，开始重新思考自己的工作选择。例如，你可以邀请大家参加比萨午餐聚会（和那些激发出你最好的一面的同事们），一起讨论你现在面临的挑战，倾听他人的见解（或者当你想要举办一个令人愉悦、鼓舞人心的活动时）。通过类似的活动，你向大家表明提高自我领导力的决心。你愿意虚心请教同事、获得他们的支持，不断地提高自我领导力。

第三步：鼓励他人，为自己设定具体目标。

除非你为自己制定具体的目标，否则就很难坚持不断地执行下去，提高绩效的实践目标也将难以实现。帮助你的下属意识到制定有挑战性且实际可行的目标，这对他们的个人发展和绩效提升是非常重要的。例如，制定一个具体的任务目标，规定具体的实现日期。如上一章节所建议的那样，每天坚持快走20到30分钟，可以让你的思维更清晰，耐力更持久。刚开始，你可以帮下属设定目标，后来你可以逐渐地让他们为自己设置目标。

第四步：培养积极的思维模式。

帮助下属认识到自己成为创造性的高效能者的潜在和现实能力。鼓励他们要相信自己。在日常挑战中，不断发现机会，而不要只关注事情消极的一面，不要为放弃找理由，停止尝试。大多数情况下，决定人们是否能够不断地向高绩效和职场成功迈进的关键在于他们的思维方式。对于你的下属而言，错误和挫折可以成为他们未来获得成功的契机，给他们提供一次不断探索如何进行自我领导以及与他人合作的机会。

第五步：奖励自我领导（鼓励有建设性的批评意见）。

如果你的下属使用自我领导的策略，做事积极主动，勇于承担责任，那么给予他们赞赏和奖赏。将表扬和奖励的重心从基于业绩转向有效的自我领导力。如果“所谓的”被领导者蜕变成了更自信的自我领导者，那么他们就越能够接受有建设性的批评意见。批评的目的是帮助他们找到自我提高的方法。确保你的反馈具有建设性。那么经过时间的磨炼，你领导的下属们也会变得越来越擅长于为自己提出建设性的反馈意见。

第六步：倡导团队合作的自我领导力和共享领导力。

鼓励下属共同合作、互帮互助是非常重要的。当人们承诺精诚合作、互相鼓励、相互加强，那么成功的概率就会大幅度提高。推进团队和共享领导力是超级领导力的关键因素。如果每个人的能力都得到认可和增强，每个人都主动地选择与他人合作、分享影响力，那么这就为高绩效的领导力体系打下了扎实的基础，成功的概率则会更大。

第七步：打造自我领导力和共享领导力的文化。

打造注重自我领导力和分享领导力的价值观和标准。如果超级领导力模式的前六步都得到了有效的实施，那么第七步则是水到渠成。你可以鼓励员工做事积极主动、勇于承担责任，给予组织成员相应的指导和奖赏。同时，领导为下属作好表率，持之以恒地展现有效的自我领导力和共享领导力，为实现长期的进步和发展而努力。那么，组织成员就会愿意主动做事，勇于承担责任，认为这样做是理所当然的事情，并且意识到这才是组织取得成功的基础。

总而言之，超级领导者并不是全能的领导者，而是一名赋能领导者：（1）指导他人如何进行自我领导；（2）通过发挥每个人的领导潜力，取得长期的、可持续的成果；（3）使下属能够独当一面，无论领导是否在旁边，自己都能够有效地处理、解决并预防问题；（4）提升下属独立自主的能力（通过自我领导力来实现）以及相互依存的能力（通过共享领导力来实现）。超级领导力使下属能够：

- 自我激励，相信自己。
- 基于心理责任感，对组织有奉献精神。
- 成为独立自主的思考者和相互依赖的思考者，不断寻求进步。
- 成为自我领导者，而不再是被领导者。
- 成为共享领导者，有效地和别人分享领导力。

反思时间

花点时间思考一下自己的领导力方式。你是否曾经担任过别人（你的同事、你的孩子或者亲戚）的超级领导者？你是何时以何种方式做的？试着将这些想法记录下来。怎样使用超级领导力，才能帮助别人的生活和职业更加健康、更加有效？研究超级领导力的七大步骤。在过去，你曾有效地实践过哪些步骤？为了帮助别人提高自我领导力以及共享领导力，你还需要进一步加强哪几个步骤，使自己能够更加有效地使用这些方法？

记录自己的想法
你是否曾担任过别人的超级领导者？谁？
你是在何时以什么方式这样做的呢？
如何使用超级领导力来帮助他人？
你曾经有效地使用过哪几个实现超级领导力的步骤？
有哪些超级领导力步骤还需要进一步加强？

第八章

维度 3：共享领导力

下面，我们将对共享领导力的本质特征作一个总结性的概述：

- 一个综合性的领导观点。在持续的、同时的、多种影响力的过程中，出现了多个领导，既包括正式的领导者，也包括非正式的领导者。

- 涵括以下多种经典的领导影响力方式，包括指导型领导力、交易型领导力、变革型领导力和授权型领导力。

- 最适合运用的情形是团队或合作环境。团队成员之间相互依赖，情况不紧急，并且需要发挥他们的创造力和投入精神。

- 在需要时利用团队成员的知识、经验和能力，创造出一股集体合力。

- 可以抑制人们谋取私利的念头。

- 和自我领导力结合在一起使用，产生一种权力制衡（“我们”vs“我”），可以遏制腐败或不道德的行为以及群体思维。

授权领导力通过赋权，使人们为自己的影响力承担更多的责任。这样做肯定有助于权力下放。而共享领导力则更加系统，通过在整体的领导力模式中建立权力制衡机制，从而打造一个更为动态、更灵活，且更强大的领导力基础（见图14）。虽然共享领导力还是一个比较新的科学理念，但是关于这方面的严谨科学研究还是有很多。刚开始，针对多个场景的研究都有证据显示，共享领导力对团队以及各方面的组织产出都有着巨大的影响。

图 14　共享领导力

共享领导力意味着在一个团队或者组织里同时出现多个正式以及非正式的领导者。一群个人为了实现团队的目标，相互领导，互相分享影响力和责任。

共享领导力对一个团队的动态和绩效能够产生巨大的影响。据证实，共享领导力有助于促进团队的合作、礼貌相处，推动产生利他主义，以及坚韧不拔的精神；同时，还能减少团队里偷懒“磨洋工”的现象。图 15 阐述的正是针对一个团队在开发创造力的项目中使用共享领导力的调查结果。

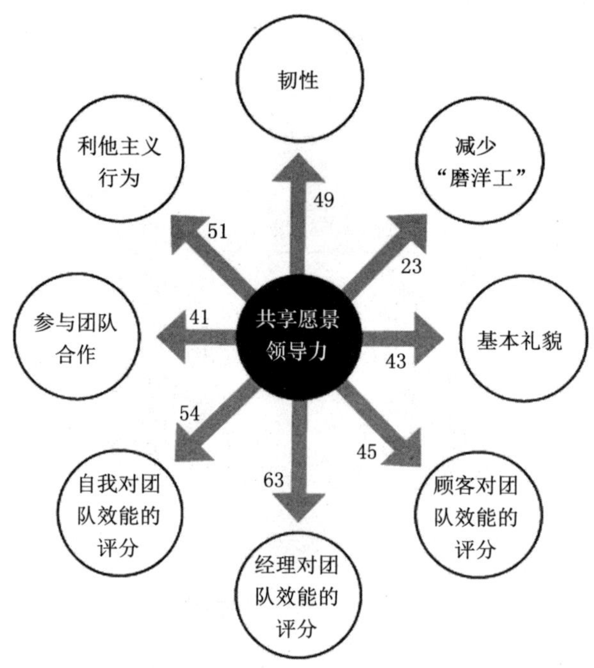

图 15　科学支持共享领导力

研究显示，共享愿景领导力可以增强一系列的期望行为，比如团队合作、礼貌相处、利他主义，以及坚韧不拔的毅力，同时，还能减少团队里“磨洋工”的现象。

来源：Pearce, C.L. and Ensley, M. D. 2003. *“A Reciprocal and Longitudinal Investigation of the Innovation Process.”* Journal of Organizational Behavior 25(2):259-78.

重要的是，相较于强调等级制度的领导力，共享领导力能够更好地预测团队的效能……而且，它对很多所谓的领导学大师们所提出的伪科学建议（并非基于科学的建议）作出了强有力的驳斥。现在，是时候发布一个公共声明了：我们在听从任何建议之前，首先需要确认建议的真伪性：它是否基于科学，还是毫无科学根据的主观看法？至今为止，总共有四项研究对权力下放的共享领导力和中央集权的、等级森严的领导力模式进行了直接的比较，它们主要比较的是这两种领导对几项关键团队产出的影响。例如，有一个关于改变管理团队的调查，让团队成员、团队的上层领导，以及团队的顾客分别对团队效能进行评分。结果显示，与强调等级制度的领导力相比，共享领导力可以更好地预测一个团队的效能。而且，共享领导力在降低缺乏公民意识对组织的不良影响这一方面，也比中央集权、等级森严的领导力更为有效。

现在，虚拟团队在组织生活中越来越常见，而共享领导力对虚拟团队也很有效。和强调等级制度的领导力相比，共享领导力可以更好地预测一个团队的产出，例如，团队解决问题的能力。

也许，更为重要的是，共享领导力还是组织绩效强有力的预测指标。实际上，有多项针对世界500强公司和小型企业的调查都明确地证明，相比较于公司的首席执行官，高级管理层中的共享领导力能够更有效地预测公司的财政状况。将这些调查综合起来看，我们得出的结果是，与仅仅依靠中央集权、等级森严的领导力相比，共享领导力为企业提供了一个更为强健的领导模式，并且还能有效地提升企业的社会责任感。

共享领导力及其多种表现形式

共享领导力并不能提供“一刀切”的解决方案，它具有多种多样的表现形式。其中最常见的四种包括：轮换式共享领导力、整合式共享领导力、分散式共享领导力，以及综合性的共享领导力（见图16）。接下来，我们将对这四种形式详细地一一讲述，让你初步感受一下如何将共享领导力最大程度地运用在你的组织环境中。

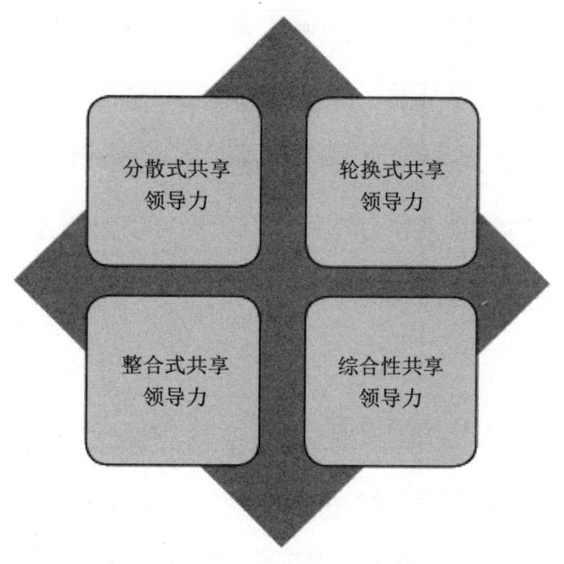

图 16　共享领导力的形式

共享领导力可以有多种形式——至于哪种最适合你们，则取决于你们的具体情况。

轮换式共享领导力

如名所示，轮换式共享领导力指的是有意识地采取策略，在一个团队里任命多个不同的领导，让他们在不同的时间段担任领导的职位。简单的方法就是，团队里的某个人同意在一定任期内担任领导的职位。他明白在不同的时间段里，这个领导一职将会由多名组织成员轮流担任。另外一个例子，就是按照

《罗伯特议事规则》（*Robert's Rules of Order*）来决议如何快速地更换领导班子，使用特定的规则来决定某个人在什么时候，以及以什么方式来接过领导位置。轮换式共享领导力是一种最简单的共享领导力模式，但我们可以以此为跳板，向更复杂的共享领导力模式进阶。

关于轮换式共享领导力，其中一个最成功的例子就是美国匿名戒酒会（Alcoholics Anonymous，AA）。这是一个帮助个人戒酒的自愿自助的组织，旨在帮助那些顽固的不负责任的自我领导者走向康复，不断进步，最终为自己的过去以及未来的决定和行动真正地担负起责任。AA 最基本的构架就是为了让参与者按照自己的不同情况，对“12 个步骤”（12 steps）进行诠释。在整个过程中，参与者可以按照各自的情形，实施具体的 12 个步骤。但是，他们也被告知，他们自己将对最后的结果完全负责。

除了“12 个步骤”，AA 还有“12 传统”。它清楚地阐述了戒酒协会内部以及各协会之间使用共享的负责任领导力的方式。这些传统包括“集体的利益优先，个人的康复靠的是互诫协会的团结一致……我们的领导人只不过是得到大家信赖的公仆，但并不能统治我们……每一个 AA 分会都由自己管理自己，除非有牵涉到其他分会或整个互诫协会的事务……每个分会都应自给自足，谢绝外界捐赠……AA 应该永远保持其非专业性”。很显然，AA 就是轮换式共享领导力模式的一个不错的例子。从他们的身上，我们可以学习到很多独特的领导力理念和做法。

整合式共享领导力

作为整合共享领导力的一个成功案例，西南航空公司一直拥有着骄人的财务业绩：如果 1972 年你在西南航空公司投资了 1 万美元，现在的投资价值则将超过 1 千万美元。那么西南航空公司成功的秘诀到底是什么呢？西南航空公司把它归结于其利益相关者利益均衡的理念。2016 年《财富》杂志评选的“美国最令人羡慕的公司”榜单中，西南航空公司名列第 7 位。同时，它还荣获美国最佳雇主榜单的第 5 名。这两个榜单上，西南航空公司一直都高居榜首。不过，美国西南航空公司之所以能够获得这么高的排名，并不是因为他们只关注财政状况或者顾客。他们成功的秘诀在于特别重视员工这一负责任的做法。美国西南航空的前任首席执行官吉姆·帕克说道："很多人都认为我们的成功来源于我们的薪资结构——我们付给员工的工资比竞争对手要低。但很显然，这种说法是不对的。我们真正的竞争优势来源于我们的企业文化——牢牢立足于共享领导力原则的企业文化。"美国西南航空公司就是一个更好的例子，他们证实了组织可以通过负责任地整合利益相关者的领导力模式，实现卓越的经济和战略业绩，并获得持续性的发展。当时，许多大型的航空公司都申请破产保护。在遍地哀鸿的美国民航领域，美国西南航空公司却是一枝独秀。与其他同行公司那种以经济利益为中心的理念相比，美国西南航空公司的做法则是独树一帜。

分散式共享领导力

分散式共享领导力主要讨论的是如何更加广泛地将领导的职责分散在组织机构中。因为共享领导力，全球有很多地方的领导力模式都发生了翻天覆地的变化，变得更有社会担当。例如：阿富汗的教育管理委员会积极地发展共享领导力。这样一来，阿富汗整个国家的教育系统的管理工作和领导模式都发生了巨大的转变。共享领导力的实践案例就发生在这样一个非常严峻的环境中。通过分散式的共享领导力，这个饱受战争之苦的国家让年轻人有机会成长为国家未来的领袖。

美国的大教会涌现出许多著名的具有非凡领袖魅力的领导者。我们从他们身上也能对分散式共享领导力窥探一二。虽然有很多人指责这些教会领袖的魅力过于强大，他们就好像是个人魅力的邪教（有一部分是真的，特别是对于那些刚刚建立的大教会而言），但是这些教会之所以能够持续发展、不断壮大，其中一个很明显的原因就是他们的领导者对共享领导力的运用，并且使用力度很大。有很多著名的大教会领导人，他们都将他们教堂成功的原因归结于分散和共享的领导力，比如马鞍峰教会（Saddleback Church）的瑞克·沃伦、加利福尼亚教堂的莱克·福里斯特、伊利诺斯州柳溪社区教会的创始人比尔·海波斯等等。如果我们进一步观察这些超级教会的领导模式，我们还会发现这些教会不仅实现了持续的增长、有效的扩张，而且丑闻极少。这至少在某种程度上，说明了共享领导力为他们的管理架构打下了良好的基础。

综合性共享领导力

如果一家机构的许多部门或者所有的部门都在倡导分享领导力，那么我们就可以说他们实施的是综合性共享领导力。“熊猫快餐”中餐连锁店——熊猫餐饮集团就是综合共享领导力的一个很好的例子。

熊猫餐饮集团的使命宣言是“打造一个这样的组织，每个人都被激励着追求更好的生活，并为客户提供无与伦比的亚洲就餐体验”。虽然这听起来不如其他组织的使命宣言那样宏伟，但是熊猫餐饮集团在公司里坚定地倡导着共享领导力。例如，他们公司里有一个这样的运营机制，这也属于他们传统的主管培训项目的一部分内容。由公司的优秀员工组建成临时的跨功能的团队，让他们解决重要的组织问题。与此同时，在过去十年里，熊猫餐饮集团公司的规模扩大了 4 倍，现在分店的总数已经超过了 1800 多家。这也证明了共享领导力的经济重要性。熊猫餐饮集团致力于在整个企业打造共享的领导力模式，而这一举措所带来的“副作用”就是高增长。对于一个公司而言，他们真的是美国梦的典范。

一家企业除了要关注经济和战略业绩之外，还要关心所有的利益相关者的利益。熊猫餐饮集团公司的身上正好体现了如何平衡这两方面要求的矛盾。当然，所有的经理都必须对最后的财务结果负责。公司对同店销售额［同店销售额（SSS）是零售业财务业绩的统一测量指标］情况进行实时监控。完成业绩目标将会获得奖赏。虽然这样说，但是如果你不是一个善于处理人际关系的人，如果你不关心当地的社区，如果你不在学校、医院等机构开展拓展项目，那么你就不适合他们的文化。而熊猫餐饮集团真正体现了我们应该如何平衡对利润负责和对人负责这两方面的要求。正因为这样，熊猫的员工们全心全意投身于公司的使命宣言，力图将公司打造成一个“人人都追求更好生活”的地方。他们相信只要做到这一点，经济增长自然会水到渠成。

共享领导力的七大步骤

那么，怎样才是打造共享领导力的最佳方式呢？在图 17 中，我们详细介绍七个重要的步骤。这七个步骤为团队或者组织打造共享领导力提供了一个详尽的参考指南。

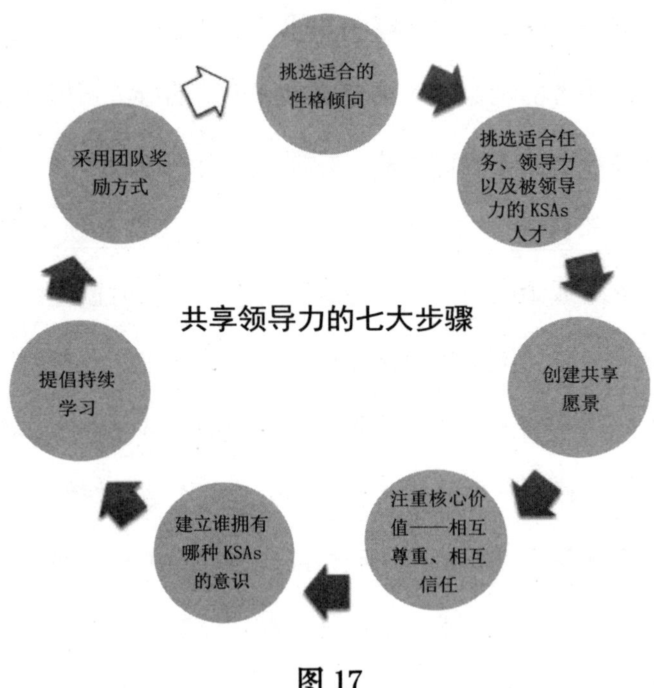

图 17

共享领导力的这七个步骤将会帮助你们的团队或者组织营造有效的共享领导力。

第一步：挑选适合共享领导力的性格倾向。

显然，挑选适当的人选是任何事业取得成功的关键。但是，适合共享领导力的候选人可能和我们想象中的有所不同。虽然我们一般理智的做法是挑选一个具备完成这个任务所需的能力、领导力和被领导力的人才，但是我们在为共享领导力挑选人选时，这些技能反而还是次要的。这就是为什么我们在第一步骤没有使用人力资源部挑选“合适人选”时常谈及的知识、技能和能力（KSAs）这一指标，而是使用了“性格倾向”这个用法。我们相信，大多数人通过学习都能够掌握大部分的技能，但是，人们对事和对人的“倾向”是以他们的性格为基础的。

我们打造共享领导力时面临的最大挑战就是，参与者须要学会控制自己的自大自傲，可以为了实现一个共同的目标而选择精诚合作。要做到这点并不容易，特别是如果参与者个个都是才华横溢、能力超强的话。但是，为了将关注重心从“我”转变到“我们”，很重要的一点就是我们需要将自己的自负放在一边。

第二步：挑选适合任务、领导力以及被领导力的KSAs（知识、技能和能力）人才。

当然，如果领导力要互享的话，那么大家必须具备完成任务所需的知识、技能和能力。否则，这就成了传说中的“盲人引路”。参与者除了需要掌握和任务相关的 KSAs 之外，还必须拥有良好的倾听技能，这样他们才能有效地听从他人的领导。倾听技能是共享领导力的基石。

另外，人们必须尊重他人，尊重不同的想法。而且，如果他们并不乐于为他人提供领导力，那么一切努力也是付诸东流。如果这个人缺乏提供领导力的动力，那么无论他多么聪明，都没用。他们掌握的知识也是一种浪费，共享领导力定会失败。他们在需要向前迈出一步，勇当领导的时候，必须敢于表达自己的观点；但是，当需要他们卸任而追随其他人领导的时候，他们必须愿意服从指挥。换言之，他们必须既能领导，又能被领导，两种角色切换自如。他们必须拥有开放的心态，脸皮不能太薄，而且，必须愿意分享领导力。

有可能，你面临的情况是：你的团队是接手的。这就意味着你未能亲自挑选团队的成员。但是，如果你清楚地了解团队需要什么样的性格倾向以及 KSAs，那么你在未来进行挑选时就可以以此作为参考。而且，从短期来看，我们还可以通过定向培训和发展计划，有意识地将人们朝着正确的性格倾向以及KSAs方向引导。这样，我们就为共享领导力的下一步骤打下了良好的基础。

第三步：创造共享的愿景。

如果一个团队想要围绕着一个共同的目标，那么他们就需要一个共同的愿景以及目的，作为行动的指南。有研究显示，共同的愿景对许多团队的动态都有着非常深远的影响，它有利于促进组织动态中的积极因素，并消减组织动态中的消极因素。尽管如此，大多数的组织领导者还是过分高估了愿景在组织里的共享程度。

虽然刚开始组织的愿景是由正式的领导者制定的，但是其他组织成员的参与也是极其重要的，因为这能够提高成员的责任感、承诺精神以及持之以恒的决心。在创建愿景——共享的愿景的时候，其他的组织成员的参与也很重要。仅仅依靠一个从上至下的愿景并不够。组织里有一个共享的愿景，那么即使出现模棱两可的环境，大家也可以把它作为行动的指南。有研究明确地指出，这可以为组织绩效带来许多积极的影响。

第四步：注重培养核心价值观，尤其是相互尊重、相互信任的价值观。

核心价值观代表着一个团队的重要理念以及它之所以存在的原因，它直接影响着人们对这个团队的感知。在逆境中，核心价值观有助于激发团队面对困难的毅力，并且能够加强成员实现愿景的决心。核心价值观还是一个团队区别于其他团队最根本的特征——无论它是一个小团队、更大规模的单位、还是全方位的组织实体，乃至一个社会。如果这些核心价值观是积极向上的，并且很难被他人复制模仿的话，那么这将会成为这个团队长期发展的竞争优势。

一个团体和团队若要发展共享领导力的话，那么成功的关键就在于相互尊重、相互信任。新兴的神经—经济学的研究甚至证实了，信任和一个国家、社会的经济成功也有着密切的联系。小团队是组成一个大的社会实体的基本单位。信任的基础就应从小团队里开始建设。建立信任最关键的因素就是集思广益。只有这样，各种思想才能在知识的搭建中互惠贯通，并且避免人们互相猜疑的情况出现。

第五步：建立谁拥有哪种 KSAs 的意识。

如果想要有效地实施共享领导力，那么参与者就必须了解根据具体的任务或情况，他们应该寻求谁的领导力，比如，谁拥有最多的相关 KSAs。学者们用“交互记忆”这个术语来描述人们对谁拥有最多相关 KSAs 的了解程度，这是领导力是否能够成功地转换到最适合这个任务的领导者的关键。

虽然领导力应该分享的说法是正确的，但最重要的是在适当的时候，由谁担任领导才最合适？这应该由人们对当前任务的知识来决定，而不应该基于个性或者其他不相干的因素。那么，团队怎样才能按照特定的任务来决定谁才是正确的领导者呢？我们可以提倡成员们相互辩论，在团队里形成百家争鸣的传统。有研究明确地证实了这一点，如果团队有出现不同意见，能够相互辩论的习惯，那么这将会大大地激发大家的创造力和创新精神，并且也能让大家更清楚地了解每个成员对团队的贡献。通过“交互记忆”，并且在积极的辩论中不断地增强交互记忆，团队就能朝着共享领导力的下一步迈进。

第六步：提倡持续学习。

共享领导力需要团队具有不断学习的“倾向”，而不是只把目光紧紧地盯着业绩，这难免会产生短视。团队提倡持续学习，那么这就为领导力打造了一个更夯实的下层基础，团队就能更好地应对来自体系的冲击，比如重要领导的更换。在这里，我们想要强调的一点是，持续不断的教育、培训以及发展不仅只对那些位于领导职位的人来说很重要，这对于所有员工而言都是至关重要的。同样的道理，组织还需要将考核作为发展和干预的重要工具（360 度考核是可供使用的机制之一）。考核的目的不仅仅是用来敲打某个员工。

我们不想误导大家，认为考核只能用于员工的发展。实际上，考核在评估员工的贡献方面可以起到很重要的作用。考核的结果可能会导致一些不适合本岗位的员工进行职位变动。我们想要强调的是，我们一般很少使用考核来促进员工学习，在这方面我们做得还不够。学习才是开发、运用和实践共享领导力的关键。

第七步：使用团队奖励，巩固共享领导力。

薪酬也是经常被大家忽视的一种激发领导能力的机制。在这里，我们可以使用团队的奖励方式，比如收益分享计划，用来鼓励在组织内部以及各个部门实行共享领导力。收益分享计划指的是以某个时间的生产力为基准，测量改善程度，并且按照一定方式在相关方之间进行分享收益，而不考虑外部因素对利润的影响。与利润相比，员工更能够控制自己的生产力，因此收益分享计划激励员工的作用就更大。不过，这只是其中一种团队激励方式。

任何团队，无论大小，都能找到适合自己的团队激励方式。比如，在微观的层面，团队可以一起庆祝重要的里程碑事件，经证实这是一个重要的工具，有助于保持员工的工作动力。从更大的组织层面来看，利润分享以及股份制都是很有用的工具，因为这能够让员工和组织的联系更为紧密。我们想要强调的是，团队奖励方式真的很重要，不仅能够增强团队意识，增进集体努力，还能提高集体成功。有研究已经明确地证实了这一点。所以，发挥你的创造力吧。根据具体的情况，找到最适合自己的团队奖励方式。

总而言之，我们都应该清楚地认识到，我们应该推行给每个人授权，至少提供某种程度的授权。基本上，每个人都能够承担某种领导职责，都能对组织的积极成果作出贡献。我们应该鼓励具备最多相关知识的人，而不是最高地位的人，提供领导力。这就意味着我们需要突破人为设定的边界，以汲取最广泛的才能资源。很多时候，这意味着我们需要到组织外部，让我们的顾客、供应商以及其他重要的利益相关者参与到组织的领导中来。虽然有时这会让人感到不自在，但是我们得到的收获也是丰厚的。

反思时间

你过去所属的团队是否使用过共享领导力？你们是如何打造共享领导力的？你们持续实施共享领导力的关键是什么？你

在团队里的职责是什么？读完本章以后，你的做法会有所不同吗？也许，你还可以把学到的经验记录下来，这将有助于你在未来继续关注这些内容。

记录自己的想法
你过去所属的团队是否使用过共享领导力？
你们是如何打造共享领导力的？
你们用什么来维持共享领导力的实施？
你在团队里的职责是什么？
读完本章以后，你的做法会有所不同吗？

第九章

维度 4：社会责任领导力

下面，我们将对社会责任领导力的本质特征作一个总结性的概述。

- 核心价值观和高层次目标需要真实可信。
- 各利益相关者之间相互信任，以此为基础，大家团结一心，朝着共同的目标而奋斗。
- 目光要长远，不仅只关注短期的业绩指标，还要关注长期发展。

- 建立社会责任领导力的基础是互相尊重。
- 为了人力资源得到最大化的发展和利用而提供支持。
- 保护环境，节约资源，禁止破坏环境，避免资源消耗殆尽。
- 认真思索怎样才能让所有的体系、流程以及规章制度得到可持续的发展。
- 让你开始认真考虑，我们想要为子孙后代留下什么宝贵的财产？

我们为什么要关心社会责任领导力？如果你不这样做的话，最终会带来的将是一片混乱，答案就这么简单。或者我们还可以从最实际的角度来看待这个问题：对于大多数人而言，社会事业更加具有召唤力，更能激励人心。当然还有一些自私自利的人，他们腐败不堪，根本不在乎什么社会责任。毕竟他们身患的是领导疾病。但是，若要我们的团队、单位，或者组织避免患上领导病，我们就需要社会责任领导力。林肯有一句至理名言是这样说的："你不能以今天的回避来逃脱明天的责任。（见图 18）"

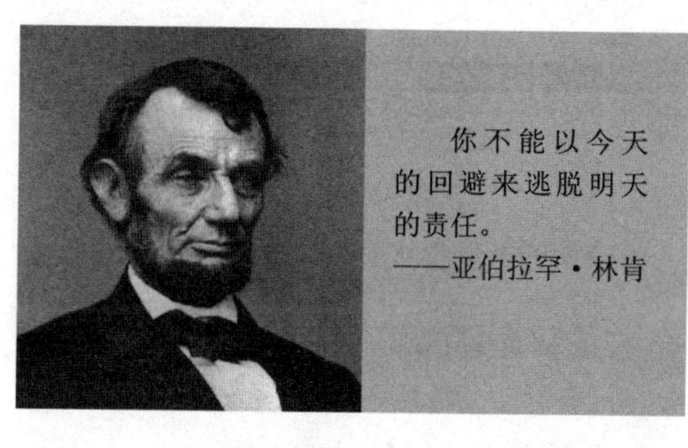

图 18

亚伯拉罕·林肯是早期的社会责任领导力的倡导人。

那么，什么才是社会责任领导力呢？这个问题视具体的情况而定，但是基本的原则很简单：不要只把眼光放在短期的经济回报上。对社会负责任的领导者会考虑多方利益相关者的利益。关于这方面的研究清楚地证明了这一点。如果人们觉得自己参与了领导力的决策过程，那么他们将更容易认同领导者宣扬的目标。即使领导宣扬的目标属于非常规的目标，人们也愿意表现得更通融。社会责任领导力的优势在于，它更能激发人们的奉献精神，并提高人们在心理上的参与度。

同时，“道德”这一话题也激起了人们越来越多的关注。事实上，当代的组织管理学中出现一个新兴分支，它专门研究积极组织学（positive organizational scholarship，POS）。这个领域的专家们发现，积极的对待人、生态环境和利润的观点将会对人产生正面的影响。

那么，社会责任领导力到底由哪些因素构成呢？

社会责任领导力的七大步骤

怎样才能在组织里运用社会责任领导力呢？这个问题好像是只属于领导者的特权，但是对于所有人而言，无论是组织内部的成员，还是作为社区的一分子，我们都能发挥一定的作用。关键在于，首先我们要做到真实、透明以及信任（社会责任领导力第一层次）。一旦这些基石搭建好了，那么下一步就是注重给人、生态环境以及利润多个方面带来积极的成果（社会责任领导力第二层次）。最后，我们需要做的就是努力使之能够持续发展下去（社会责任领导力第三层次）。图 19 用视图的方式展示了社会责任领导力的这七个步骤。

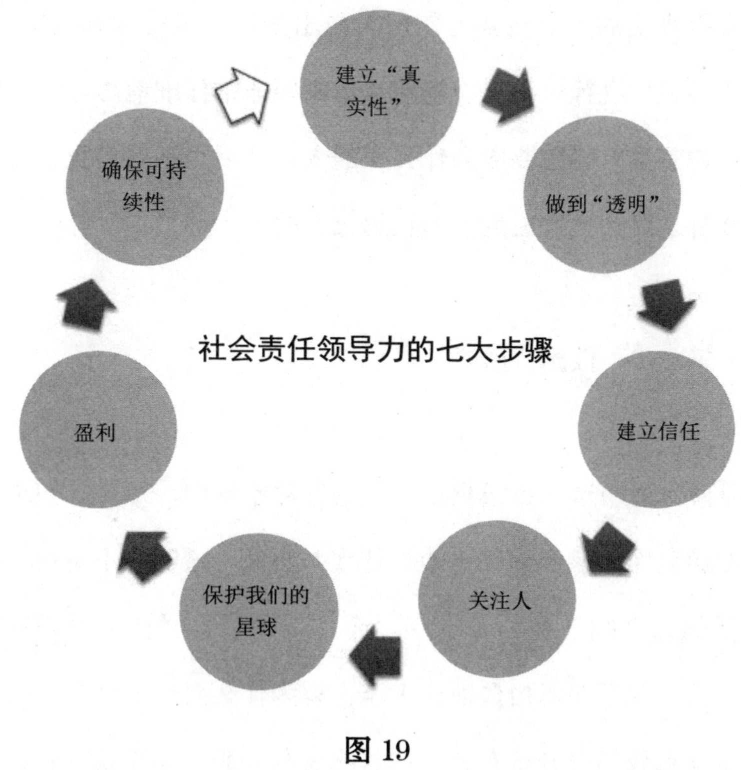

图 19

社会责任领导力的这七个步骤将会帮助你在机构里营造社会责任领导力。

第一步：建立“真实性”。

如果真实性没有了，那么还剩下什么？一场游戏，一场虚伪的游戏，一场愤世嫉俗、两面三刀的游戏而已。我们说的“真实”，并不是指做一个真小人，而是我们应该在内心深处寻找最真实的美好自我，然后表现出来。如果要做到真实，就需要我们进行一番灵魂拷问。你需要非常仔细地思考这个问题：你是谁？你想要成为什么样的人？然后，开始自我领导力的修炼之路，努力成为你真正想成为的人。

第二步：做到“透明”。

做到透明这一点很重要。如果行动不透明，那么人们总会不断猜疑帘子后面到底藏的是什么？当然，透明并不是指将你生活的每个细节都公布于众。而是，为了发展社会责任领导力，我们就要明明白白地让大家了解为什么要作出这个决策。这意味着我们要开诚布公。这意味着我们犯了错误就要真诚承认，并且寻求他人的帮助，在未来取得进步。你作为一名领导者，你是你下属的行为模范。在全球，腐败和缺少透明都有着紧密的关联。一家非营利组织“透明国际”一直追踪国家层面的腐败问题。图 20 的全球地图记录的就是人们所感知的自己国家的腐败程度。如果这个国家的阴影颜色越深，那么就表明那里的人们认为自己的国家越腐败。（也有一些例外，比如，并没有相关格陵兰和西撒哈拉的数据，虽然它们是臭名昭著的腐败地区。）

领导在和他人打交道的时候，应力求做到公开透明。否则后果将是惨淡的。

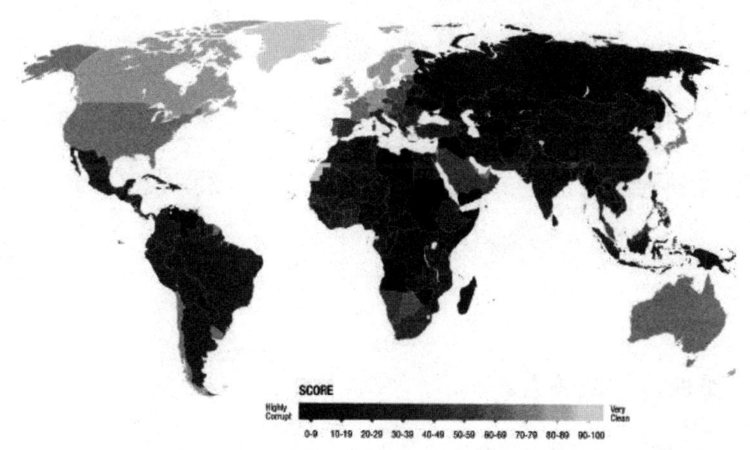

图 20　有关社会责任领导力的科学研究

这张地图显示的是人们所感知到的自己国家的腐败程度。颜色越深的国家越腐败。

备注：地图上颜色最浅的地区（比如格陵兰和西撒哈拉——臭名昭著的腐败地区）并没有参与评分。

来源：透明国际组织（Transparency International）

第三步：建立信任。

真实和透明这两点有助于信任的建立，但是这还不够。你还需要言行一致，践行诺言，以此来证明你值得被信任。如果你无法兑现诺言，那么你至少要提前告知对方。信任是一切社会交际中的润滑剂。没有信任，做生意的成本则通常会更高。如果人们缺乏信任，那么他们在决定之前，就会左右徘徊、犹豫不决。神经经济学的研究已经证实信任和经济生产力之间有着直接的联系，无须赘言。

第四步：关注人。

真实、透明以及信任建立以后，我们现在需要着重关注社会责任领导力的核心内容。首先，关注人。关注人的关键正如彼得·德鲁克（现代管理学之父）所说："专注人们的优势，让缺点变得无关紧要。"每个人都有可贡献的知识、技能和能力；每个人都能产生有意义的影响。但是如果将不适合的人强行插在不适合的岗位，那么只会让人们感到挫败。这是对人才的浪费，也不是一种负责任的领导方式。不幸的是，并非所有人都有很强的自我意识能够完全了解自己的优势和劣势，这样做通常只会导致失败。所以，作为领导者，你的职责就在于把他们放在适合的岗位，并对他们进行监督指导，让他们能够茁壮成长，发光发亮。

第五步：保护我们的星球。

我们都有保护地球的责任。作为领导，你的责任就更加重大，因为人们会效仿你的做法。所以，你作为领导，必须要承担起保护环境的责任。这并不是说你要放弃现在的工作，改为在路边捡垃圾。这仅仅指的是我们不应该故意破坏环境，并且在思考未来长期的计划，作出决策时，需要更加小心。有很多所谓的公益热心人士，在公众视野里积极参与保护环境的事业，但是私底下做出的行动却完全违背了他们的公众地位。所以，我们应该理性地保护环境，并且帮助别人也这样做。

第六步：实现盈利。

如果想要成为对社会负责任的组织，那么首先需要它具有良好的财政状况，能够提供持续经营的必要资源。价值观、企业文化、使命等其他无形资产如果已经到位，那么利润一般会水到渠成……但这也并不是必然的，组织需要为顾客或者客户提供一些他们所期望的具体价值。德鲁克曾经说过，任何组织都必须解决这三个最重要的问题：谁是我们的顾客？我们的顾客重视什么？我们怎样才能为顾客提供这种价值？没有捷径可走，每个组织都必须势在必行。

第七步：确保可持续发展。

人、环境和利润都是社会责任领导力的核心内容，但是如果没有可持续性，那么一切都归于零。我们需要认真思考，怎样才能通过机制、规章制度以及文化价值的建立，来确保无论你担任何种领导职位，你的组织都能持续性地关注人和环境的问题。讲到这个过程，我们需要回顾一下前面所讲述的其他几股领导力。比如我们需要通过超级领导力，来帮助他人发展领导力，鼓励他们提高自己的自我领导力和共享领导力。让成员参与到领导的过程中来，以建立更为牢固的领导模式，让它有能力应对将来出现的对体系的冲击。你留下的最宝贵的财富就是确保社会负责领导力具有可持续性。当然，利润也是能否成功实现可持续性的关键。

反思时间

社会责任领导力需要付出辛勤的努力。在哪些方面你展示了很强的社会责任感？你遇到了哪些挑战？对于那些面临道德两难境地的人，你会建议他们怎么做？什么才是确保社会责任型领导力可持续性发展的关键？现在，花一点时间，把有助于培育社会责任领导力的建议写下来。

记录自己的想法
你在哪些方面曾经展现出很强的社会责任感？
你在这方面遇到了哪些挑战？
对于那些面临道德两难境地的人，你会建议他们怎么做？
你打算如何做，才能确保社会责任领导力的可持续性？

第三部分

如何实践四维领导力

现在，我们已经讨论了什么是领导疾病，并且向大家展示了过分强调中央集权的、自上至下的领导模式充满的各种隐患。我们还提出了治愈领导病的解药——四维领导力——它由四种领导力组成：自我领导力、超级领导力、共享领导力以及社会责任领导力。将这四种领导力结合在一起，效果最好。实际上，就像本书最开始所使用的绳子比喻，这四种领导力就好比四条线，把它们拧在一起，它们就会变成一根坚韧有力的绳子。如果缺少其中任何一根，力度和可持续性都会大大受损。因此，在本书的这一部分，我们将具体地介绍如何将这四种领导力结合在一起，发挥出它们最大的功效。

第十章

平衡：整合四维领导力

只凭借四维领导力的其中一根线，我们并不能完全避免组织领导失败，也不能防止中央集权领导模式可能导致的贪污腐败以及滥用职权。如果不这样说，我们就太自以为是了。正如我们治疗身体疾病时服用药物一样，这个解药也是有其局限性的。但是，如果我们将这四种领导力有机地结合在一起，那么我们就可以生产出一种高度有效的治疗领导病的良药。

关于领导疾病，最主要的问题在于领导职位所吸引来的大多都是权力欲望很重的人，他们渴望统治他人，不愿意自己的权力受到约束。我亲身遇到的一个例子：有一名作家曾经揭露他的领导者滥用职权、贪污腐败，结果自己却被解雇了。那么他是否后悔呢？绝对没有。毕竟，谁也不愿意和腐败联系在一起。为了做正确的事，我们都需要这种道德勇气。不管怎样，如果我们发现自己公司的上层领导是个不道德的人，而且无法撼动，那么是时候向前看啦。

在下文，我们将介绍戈尔公司（W. L. Gore & Associates），他们有意识地培育四维领导力中的四种领导力，并将它们整合在一起。

四维领导力的实例：戈尔公司[5]

戈尔公司是鼎鼎有名的四维领导力的例证。他们在整个组织里推行共享领导力，在以团队为中心的环境中，鼓励员工提高自我领导力。他们也特别支持社会事业。而且，对于公司委任的领导而言，他们运用超级领导力已经是一种常态。

这家追求创新的知名企业提供的产品类型多种多样，从电线、电缆到工业和医用产品，到户外运动产品的材料。他们所依赖的正是充分调动所有员工（他们都被称为是“同事”）的才能。其他地方可能把这种“无管理结构”的公司称为“无序”的公司，但是在这里，戈尔公司鼓励员工发挥创意，探索将公司最重要的独特原材料戈尔特斯（GORE-TEX）应用在各种领域，由此推动各种不断发展和进步的产品开发。在《快公司》（*Fast Company*）杂志最新发表的一篇文章中，一名刚刚就职的戈尔公司员工描述道：她对于谁做了什么，根本没有清晰的认识；公司也没有委派给她正式老板。这一切都让她感到很惊奇，尤其是她以前来自一家传统方式经营的公司。在公司，她不停地追问自己的老板是谁，直到她的导师（那个将她介绍进公司的人）告诉她：“请停止使用‘老板’这个词。”

戈尔公司很可能拥有世界上最扁平的组织架构。在公司里，共享领导力和自我领导力是影响力的主要原则。戈尔公司也有委任的领导者，但是这些具有超级领导力的领导者允许并鼓励组织成员们进行自我领导，通过直接去找任何他们认为对自己新项目有帮助的人，或者和他们组成团队，开发新的产品点子，而不需要经过一系列复杂的管理链。根据不同的发展阶段和共享领导力的需要，这些同事展示其专门知识、能力和经验，以促进业务目标实现，从而自然成为团队的领导者。公司没有传统的结构层级，所有的同事都被公平对待，都被当作是能够为公司打造一个更美好的未来的知识工作者。在对社会负责任的总体价值观的指导下，同事们不断开发和生产创新型的产品。根据具体情况以及工作流程的需要，公司允许并鼓励同事们之间相互领导（共享领导力和超级领导力）。

我们一般把领导力看作是一个外部的过程，指的是由正式委任的领导者对下属施加影响力。但是，戈尔公司意识到所有同事都具备一定程度的自我领导能力和相互领导的能力。戈尔公司管理风格以自我影响力的理念为基础，这和四维领导力中的四种领导力是一致的。这不仅能够更好地满足现在基于知识的职场要求，而且最大化地调动现代机构里的领导潜能。戈尔公司超越了大家普遍使用的参与型和授权型的领导模式，真正创建了一个人人都是领导者的公司。

戈尔公司的首席执行官泰瑞·凯莉（Terri Kelly）也常常把自己看作是一名普通员工，就像公司其他所有人一样，虽然她是公司最高层的领导者。以领导为中心的传统领导模式需要首席执行官具备一切知识，但是凯莉指出，戈尔公司的多样性决定了首席执行官不可能具备一切所需的知识。这并不实际，也不可行。凯莉认为，传统的领导模式不仅不适合戈尔公司，还会阻碍他们公司视之为生命血液的创新过程。她倡导的管理风格与超级领导力、社会责任领导力是一致的，即促进公司总体目标的制定，确保正确的人位于正确的位置，充分利用组织的所有才能。授权以及分散权力是他们最重要的领导主题。她亲自践行的共享领导力在公司处处清晰可见。

戈尔公司文化最独特的一点就是，只要本着实现最大的创造力和创新的精神，公司支持任何个人来挑战现状。于是，当前产品团队的同事们之间可能各抒己见，展开激烈的讨论，但是大家关注的是点子而不是个人。对待与自己相左的意见，他们持有一种尊重的态度，相互探讨，目的是不断推动创新的进程。有一个同事这样说道，健康的辩论是一个好团队的标志。在戈尔公司，大家对当前的思想持有健康的不同意见，这对于创造过程而言很重要。比如，另一个同事对公司灵活授权的方式和创新的环境赞不绝口，随后话锋一转，他甚至这样说："戈尔公司存在冲突，人们意见不同。人们（有时候）相处不好。有时会出现动荡。"

在传统的领导方式中，公司的控制力和影响力主要来自于被委任的领导者，他们是等级制度中的正式领导人。但是自从创始以来，戈尔公司就意识到他们需要超越传统的领导方式。事实上，有一名同事注意到，无私为人、抛弃自负才是戈尔公司辨别未来领导者的核心标准。同时，另一个同事指出，他们在领导过程中的参与度一直在变动，例如，某天你可能在 25% 的时间里是领导，其他 75% 的时间你是一名追随者。但第二天，你发现自己的角色完全调转过来。总而言之，戈尔公司倡导降低对传统意义中的领导者的依赖。现在的职场风云变幻、竞争激烈、错综复杂，戈尔公司的这种领导模式有助于他们在商界立于不败之地。他们将这四种领导力有机地结合到一起，这就是成功的秘诀所在——在社会责任领导力的框架下，公司任命的领导者充当公司同事的超级领导者，鼓励并支持他们进行自我领导。同事们都拥有很强的自我领导力，并且他们互相共享领导力。

平衡四种领导力的重要性

四维领导力中的每一股领导力都存在着潜在的缺陷，特别是如果未能将这四种领导力全部结合在一起的话。但是将它们融合在一起，就能形成一股合力。这就好比一杯混合的鸡尾酒解药，我们需要放入所有材料，才能创造出治愈领导病的均衡、有效的解药。但是，如果自我领导力、超级领导力、分享领导力，以及社会责任领导力没有得到充分的开发，那么就可能带来各种不良的副作用，例如，组织的无序状态；一心谋取私利的腐败行为；无心引起的缺乏社会责任的集体思维等。我们想要强调的是，把这四种领导力整合在一块是一个需要不断平衡的过程。就像药剂师需要监控病人的生命体征那样，你需要经常监控事态的发展。

如果把这四种领导力单独分开的话，都存在着很重要的缺陷，我们需要将它们相互融合起来，互为支撑。如果组织里共享领导力是一种常态，但组织成员却没有健康的自我领导力来以此作为抵消力，那么在这样关系紧密、高度一致的团体里，真的有可能会出现由集体思维导致的决策失误。一个团队如果成员的自我领导力水平很低，而共享领导力水平却很高，那么就会发生目标错误。相反，如果有自我领导力作为支撑，在群体观点是不负责任的情况下，团队里就会出现各种不同意见的声音，个人领导力（体现个人信仰、价值以及信念）就会发挥作用，那么大家就不会盲目从众。但是缺失了自我领导力作为平衡力，那么无形之中，共享领导力就可能会导致从众腐败和职权的滥用。

反过来，如果缺失了共享领导力，那么自我领导力反而会增加个体成员的自私自利的行为，尤其在一己私欲的驱动下，情况更是如此。确实如此，如果他一心谋私利，而且自我领导力又很强，那么在缺乏共享领导力作为平衡力的情况下，最容易发生不应当的自私自利的、不道德的行为。于是，在多种因素的影响下，腐败随之而来。有一些极端的例子，组织里聚集了许多一心谋取私利、利欲熏天的个人，那么这比高度中央集权的领导力所引发的趋势还要可怕。这属于领导疾病的另一种变异体。

相同的道理，如果缺乏社会责任领导力，那么超级领导力只会导致无序失控的授权。给予人们授权，却没有提供清楚目标的话，这种社会责任目标以及高层次的价值观的缺失会带来严重的后果或者混乱。确实如此，如果领导者给员工授权，却不提供价值引导，使得他们不顾一切代价地增加销售额，这可能带来的坏处远远大于其好处。想象一下，因为缺少正确价值支撑的超级领导力，员工不顾一切地生产出危险的产品，通过非法途径使人们对药品上瘾，例如，生产新型的阿片类（从罂粟中提取相关物质）药物，或者说明书中增加阿片类药物的新用途，用来治疗不严重的疼痛，或者通过医保和社保推荐长时间或者大剂量地使用阿片类药物。自从 1980 年以来，在美国处方开出的阿片类药物用量已经增长了 5 倍之多——单单这一个例子，就给美国社会带来了多么大的破坏作用。如果我们的社会要实现可持续性的健康发展，社会风气积极向上，社会生产力提高，那么我们就需要用建设性、统一的目标将人们团结起来，为大家提供为之奋斗的动力。

我们一起来看看这个问题的反面。如果有阐释清楚的社会责任目标，但是却没有给任何成员赋权，这也会导致一事无成。如果目标宏伟，但是领导力却是单向的自上而下，管理事无巨细，那么大家的热情终会消失殆尽。其中一个原因就是，因为很多的社会责任事业都是依赖、至少部分依赖志愿者的工作。志愿（有酬）劳动者一般都希望有自我选择的机会，或者有表达自我观点的机会，否则他们的兴趣就会减退，不再关心工作，最终就会选择离开。同样的道理，如果缺少有能力的自我领导者，一个伟大的事业就失去了牵引力；如果缺少共享领导力驱动之下的有效团队合作，那么一个伟大的事业就只能取得平庸的成绩。

四维领导力中的这四种领导力都是打造一个健康的领导体系的关键因素。去掉任何一股领导力，就如同一根原本坚韧的、多股线扭成的绳子散掉那样，一切分崩瓦解。

情境因素和四维领导力

请牢记这一点，四维领导力能否发挥最大的效用，是否最适合这个组织，取决于多种情境因素。在机构里，四维领导力虽然有利于应对当代“知识—团队”为基础的组织对领导提出的各种挑战，但是它自身也存在一定的局限性。四维领导力是否能够很好地适应当前要求，它也受到很多主要情境因素的影响，包括工作系统中的相互依赖程度、创意的需要程度、员工对工作的承诺度、工作的复杂度以及情况的紧急程度。一般而言，如果组织里的相互依赖度很高，工作需要发挥大家的创意，组织成员工作投入，工作环境复杂的话，那么四维领导力则能发挥更大的效用。而且，它更适合紧急程度比较低的情况。反过来，四维领导力又能够促进有能力的自我领导者、超级领导者、共享领导者、社会责任领导者不断地成长。他们积极地解决问题，善于利用机遇，可以显著地降低未来紧急情况的发生，并带来长期的高业绩和高效率。

第十一章

应用：制订适合你自己的领导力方案

领导力发展是预防腐败和滥用职权的关键。当前，大多数的领导力发展主要是针对领导职位候选人的，或者是已经担任领导职位的人。但是，我们需要将领导力发展应用于更加广泛的人群，全体员工都应该获得学习领导技能的机会。在知识年代，人们经常忽视了这个重要的领导力来源。现在，是时候发挥每个人的知识、经验和创意潜能，让组织具有更大的竞争力，获得最佳成效。另外，调动更广泛的劳动力潜能也是培养未来领袖的最佳方式。

领导力发展的责任不应只落在商界、政府以及非营利组织的身上，高校也应该承担起一定的责任。高校在领导力培训和开发项目中所关注的领导力观点、理念以及技能是新兴领导学习的重要来源。这些新生代的领导将帮助组织打造新的文化环境。现在组织里普遍对领导不满意，也许部分原因就在于我们对构建式的领导力模式的关注还不够。我们应突破中央集权、自上而下的领导力模式，帮助领导们更好地应对以知识为基础、团队为中心的工作环境所出现的种种挑战。研究结果一致表明，员工对组织生活最不满意的就是领导方式，这仅次于大家对薪酬的不满。这个调查结果适用于各种类型的场景，调查对象包括专业技术领域的员工、机械行业、服务行业甚至经理自己。重要的是，我们需要更加关注领导力的开发，突破等级森严、自上而下的领导方式，朝着注重自我领导力、共享领导力、超级领导力和社会责任领导力的领导模式迈进。我们还需要在各个层面有效地开展领导力开发的工作，发挥出四维领导力的最大优势。

尤其重要的一点是，我们需要给大家提供这四种领导力的学习机会。我们需要教授自我领导的技巧、有效的共享领导的理念和实践以及超级领导力的核心内容——授权领导实践。为了帮助大家有效地掌握这种领导模式，我们还需要以成人为中心的教学方法作为依托，包括参与式的学习方法，即参与者相互讨论如何将理论运用到他们在实际生活中遇到的问题；自我设计项目，即参与者自己制定四维领导力策略，并将其运用到个人的薄弱领域等等。另外，在学习环境中，领导者应该以身示范建设性的领导风格，这也很重要。有研究表明，上级领导者的风格能够带来一种因果效应，可能是好的影响，也可能是坏的影响。下属们通常会学习、甚至效仿上级领导的领导行为。例如，有一个反面例子，研究证明如果被委任的领导者使用令人厌恶的领导方式，比如恐吓和威胁的手段，那么其下属也会使用这种手段。身居高位的领导者的行为会逐步传播到整个组织，因为领导者通常被其他成员作为典范而效仿。另外，我们还应注意到，领导力开发的培训内容有助于塑造当今的领导实践以及未来的领导模式，因为组织里会不断地涌现出新的领导者，而这些新一代的领导者对于领导病以及组织里的腐败行为，有可能起到加剧的作用，也有可能起到抑制的作用。领导者必须意识到的是，不管他们愿不愿意，他们都是其下属的行为典范。

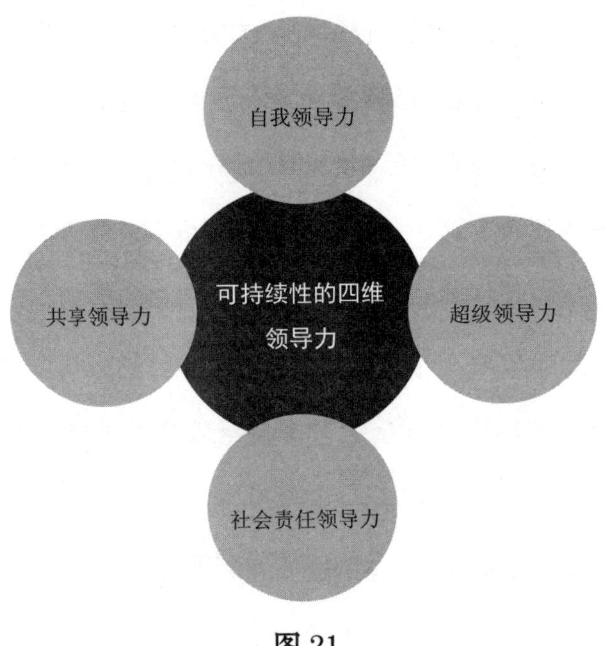

图 21

我们需要整合这四种领导力，才能创造出具有可持续性的四维领导力。

我们还可以呼吁大家采取一些其他的重要举措。一开始，本书最主要的目的就是让大家意识到用我们称为“药”的方法，来治愈领导病及其各种表现方式的重要性，包括腐败、职权滥用、人才浪费等。特别是，我们提出了构成四维领导力的四个基本要素：自我领导力、超级领导力、共享领导力以及社会责任领导力，这每一种领导力都能对腐败趋势产生巨大的抑制作用，尤其是中央集权、自上而下的领导力所导致的腐败趋势。同样重要的一点是，领导力的开发还应该直接聚焦于这四种领导力对企业社会责任缺失的问题的疗效关系。

另外，关注这四种领导力所释放出的能力也很重要。领导力开发重要的一项内容就是，确定影响这四种影响力取得平衡的组织环境和组织因素。例如，在一个组织里，强调自我领导力和共享领导力的程度就部分取决于任务之间相互依赖的程度。如果任务相互依赖性很高，那么共享领导力的重要性就要比自我领导力更大。我们需要更有效地分散权力，以抵制消极趋势，并促进绩效的提升。但是如果情况相反，任务之间的相互依赖性很低，那么共享领导力就不如自我领导力重要。

超级领导力也发挥了很重要的作用，它通过领导他人，使自我领导力和共享领导力保持一定的平衡。社会责任领导力则夯实牢固的道德基础，使整个影响力的过程与高道德保持一致。这些都是学习环境中，比如培训和指导项目，需要考虑的重要因素。总而言之，很明显的一点是，这四种领导力应该在领导者的培训中得到更多的重视。四维领导力给我们提供了符合时代发展的指导思想，有助于抵制组织可能发生的有害趋势。它清楚地显示，我们应该突破过去那种依靠单个英雄的、自上而下的领导力。这种领导理念已经快要过时，有可能会带来灾难性的后果。现在是时候与时俱进了。

过去，传统的领导模式很简单。在森严的领导等级制度中，一个人站在金字塔的顶尖，而其他的人都是其下属，追随于他的领导，理应遵从这名领导者制定的方向、目标，以及愿景。领导者之所以得到这个领导职位，可能是因为其高贵的出生、继承权、社会地位、卓越的业绩或者高明的政治手段。领导者自上而下施加影响力，领导者必须决定应如何激励以及引导下属们，以保证组织目标的实现。但是现在世界变了。最近的研究显示，在知识时代，我们需要那种员工参与度更广的包容性领导力模式。领导者和被领导者之间的那根区分线（通常，领导者拥有更多的知识，有更强的自我领导以及领导他人的能力），现在已经变得越来越模糊了。一种新型的四维领导力的时代已经来临。现在，每个人都能自我领导，而且，每个人都能共享领导。

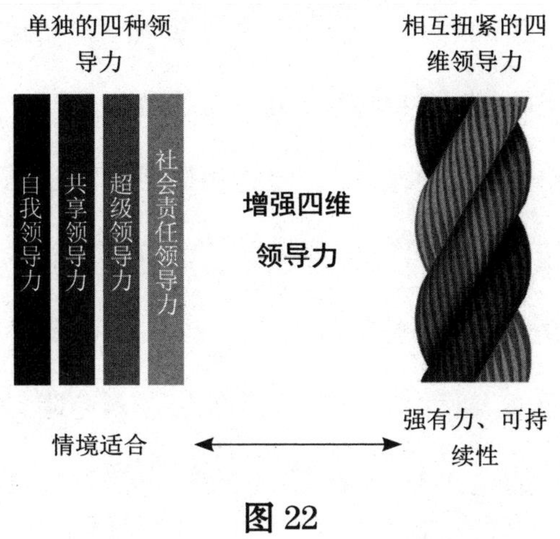

图 22

每一种领导力在某些情形下都很重要，但是从长远来看，我们需要将这四种领导力扭紧在一起，让它们释放出增强的合力，实现可持续性发展。

我们下一步该怎么走

最近几年以来，基于团队合作的组织理念和构架都显著增加了。其部分原因是现在的环境日益复杂，瞬息变幻，要求组织更具有灵活性。我们通过真正的赋能以及团队合作，才能发挥员工的最大潜能。但是，要想实现这一点，我们需要面临很多的挑战，而且实现难度也很大。现在，新的时代已经来临，我们应该提出质疑，那种过于自上而下的、等级森严的领导方式是否还适合当今的环境。为了符合现在知识年代的要求，我们提出了一种新的领导力方式——四维领导力。这个领导力模式的基础是将四种互为补充的领导力整合在一起。这每一股领导力在某些情形下都很重要，但是如果我们将这四种领导力紧密结合在一起，创建出一种强大并且可持续的领导力模式，那么这就可以适用于各种情形（见图 22）。那么，在实施四维领导力的过程中，我们会不会遭遇各种困难险阻？有时会不会很痛苦？不幸的是，对于很多组织而言，确实如此。但是我们如果不这样做，最终可能会更痛苦。

这是不是意味着垂直领导力已经是一种濒临灭绝的物种，而且快要过时了？我们可以很明确地回答，不是的。问题并不在于要在垂直领导力和四维领导力之间作出选择——实际上，我们要想有效地实施四维领导力，那么就需要领导等级制度中的正式领导者具备超级领导力，他需要成为组织里实施这四种领导力的倡导者，这才是有效实施四维领导力的基石。问题在于，我们如何才能在这四种领导力之间达到一个最佳的平衡？如果你的团队或者组织已经解决了这个问题，那么你们就找到了一个更适合知识年代的领导方法，就找到了有效治疗领导病的良药。

我们衷心地希望，这本书里有关四维领导力的内容能对大家有所裨益。如果大家明白了四维领导力可以并且应该怎样发挥效用；并且，如果大家学会了如何克服在实施过程中遇到的种种挑战，那么这就意味着我们携手同行，共同踏上了一段史诗般的旅程。现在，你的团队或者组织是否应该独自踏上四维领导力之旅呢？这又能否为每一位参与者带来丰厚的回报呢？关于这个问题，只有你自己才有答案。

作者简介

查尔斯·C. 曼兹（Charles C. Manz）博士，演讲者、顾问和畅销书作者，他发表了200多篇文章和学术论文，出版了20多本书，包括《自我领导：个人卓越的终极指南》（*Self-Leadership: The Definitive Guide to Personal Excellence*）、《新超级领导力》（*The New SuperLeadership*）、《分享，不必充当先锋》（*Share, Don't Take the Lead*）、《失败的力量》（*The Power of Failure*）、《适合领导》（*Fit to Lead*）、《没有领导的企业》（*Business Without Bosses*）、《耶稣的领导智慧》（*The Leadership Wisdom of Jesus*）。他的《情绪自律》（*Emotional Discipline*）一书被《前言评论》（*Foreword Reviews*）杂志评选为年度最佳书籍。其

《自我领导》（*Self-Leadership*）一书当选 Stybel-Peabody 全国最佳书籍。他的作品曾在《华尔街日报》（*Wall Street Journal*）、《财富》（*Fortune*）、《美国新闻与世界报道》（*U. S. News & World Report*）、《成功》（*Success*）、《今日心理学》（*Psychology Today*）、《快公司》（*Fast Company*）以及其他全国性媒体中亮相。

查尔斯是马萨诸塞大学阿姆赫斯特分校伊森伯格管理学院的领导教授。他曾是哈佛商学院的研究员，他的客户包括3M、福特、施乐、通用汽车、宝洁、美国运通、梅奥诊所、班克·万、美国和加拿大政府等。

克雷格·L. 皮尔斯（Craig L. Pearce）博士，演讲者、顾问和企业家。他已经发表了几十篇文章并出版了几本书，包括《分享，不必充当先锋》（*Share, Don't Take the Lead*）、《德鲁克的不同》（*The Drucker Difference*）和《共享领导》（*Shared Leadership*）。他的作品获得了许多奖项，包括宾夕法尼亚州立大学校友奖，并在《华尔街日报》和《金融时报》的议程中得到了关注。克雷格是南阿拉巴马大学米切尔商学院的教授。他曾在许多知名大学任教，包括哈佛大学、杜克大学、阿姆斯特丹大学、维也纳大学、北京大学、西班牙企业学院等。克雷格是伊斯坦布尔的德勤领导学院的创始董事，曾为许多组织提供咨询，其中包括美国运通、中央情报局、路虎、麦克卡车、熊猫快车等。他既是一名领导力发展专家，又是一名领导者，从实际的领导经验中汲取了许多创业公司的经验。

尾注

1. Section adapted from Pearce, C. L., and Manz, C. C. 2014. "Introduction to Shared Leadership." In: Pearce, C. L., Manz, C. C., and Sims, Jr., H. P. *Share, Don't Take the Lead.* Charlotte: Information Age Publishing.

2. Manz, C. C. 2015. "Taking the Self-Leadership High Road: Smooth Surface or Potholes Ahead?" *The Academy of Management Perspectives* 29: 132–51.

3. Wrzesniewski, A., and Dutton, J. E. 2001. "Crafting a Job: Revisioning Employees as Active Crafters of Their Work." *Academy of Management Review* 26(2): 179–201.

4. Gagné, M., and Deci, E. 2005. "Self-Determination Theory and Work Motivation." *Journal of Organizational Behavior* 26: 331–62.

5. Case adapted from material appearing in Shipper, F., and Manz, C. C. "W. L. Gore and Associates: A Case Study" (copyright held by authors) and Paulson, R., Wajdi, H., and Manz, C. C. 2009. "Succeeding Through Collaborative Conflict: The Paradoxical Lessons of Shared Leadership." *Journal of Values Based Leadership* 2(1): 59–74.

参考资料

自我领导力

- Manz, C. C. 2015. "Taking the Self-Leadership High Road: Smooth Surface or Potholes Ahead?" *The Academy of Management Perspectives* 29(1): 132–51.
- Manz, C. C. 1986. "Self-Leadership: Toward an Expanded Theory of Self-Influence Processes in Organizations." *Academy of Management Review* 11(3): 585–600.
- Neck, C. P., Manz, C. C., and Houghton, J. D. 2017. *Self-Leadership: The Definitive Guide to Personal Excellence.* San Francisco: Sage.
- Stewart, G. L., Courtright, S. H., and Manz, C. C. 2011. "Self-Leadership: A Multilevel Review." *Journal of Management* 37(1): 185–222.
- Manz, C. C., Houghton, J. D., Neck, C. P., Fugate, M., and Pearce, C. L. 2016. "Whistle While You Work: Toward a Model of Emotional Self-Leadership." *Journal of Leadership & Organizational Studies* 23(4): 374–386.

超级领导力

- Neck, C. P., Manz, C. C., and Houghton, J. D. 2017. *Self-Leadership: The Definitive Guide to Personal Excellence.* San Francisco: Sage: 193–200.
- Manz, C. C., and Sims, H. P., Jr. 2001. *The New Super-Leadership: Leading Others to Lead Themselves.* San Francisco: Berrett-Koehler.
- Manz, C. C., and Sims, H. P., Jr. 1991. "SuperLeadership: Beyond the Myth of Heroic Leadership." *Organizational Dynamics* 19(4): 18–35.
- Vecchio, R., Justin, J., and Pearce, C. L. 2010. "Empowering Leadership: An Examination of Mediating Mechanisms within a Hierarchical Structure." *Leadership Quarterly* 21(3): 530–42.

共享领导力

- Pearce, C. L., Manz, C. C., and Sims, H. P., Jr., 2014. *Share, Don't Take the Lead.* Charlotte: Information Age Publishing.
- Pearce, C. L. 2004. "The Future of Leadership: Combining Vertical and Shared Leadership to Transform Knowledge Work." *Academy of Management Executive* 18 (1): 47–57.

- Pearce, C. L., and Conger, J. A., eds. 2003. *Shared Leadership: Reframing the Hows and Whys of Leadership.* Thousand Oaks, CA: Sage.
- Pearce, C. L., and Wassenaar, C. L. 2014. "Leadership, Like Fine Wine, Is Something Meant to Be Shared, Globally." *Organizational Dynamics* 43(1): 9–16.

社会责任领导力

- Pearce, C. L., Wassenaar, C. L., and Manz, C. C. 2014. "Is Shared Leadership the Key to Responsible Leadership?" *Academy of Management Perspectives* 28(3): 275–88.
- Pearce, C. L., and Wegge, J. 2015. "Where Do We Go From Here: Is Responsibility Sustainable?" *Organizational Dynamics* 44(2): 156–60.
- Pearce, C. L., and Stahl, G. 2015. "The Leadership Imperative for Sustainability and Corporate Social Responsibility: Challenges Facing the Leaders of Tomorrow." *Organizational Dynamics* 44(2): 83–86.
- Pearce, C.L., and Manz, C.C. 2011. "Leadership Centrality and Corporate Social Ir-Responsibility (CSIR): The Potential Ameliorating Effects of Self and Shared Leadership on CSIR." *Journal of Business Ethics* 102(4): 563–79.

戈尔案例

- Shipper, F., Stewart, G. L., and Manz, C. C. 2014. "W. L. Gore and Associates Has Created an Entire Shared Leadership Structure." In Pearce, C. L., Manz, C. C., and Sims, H. P., Jr., 2014. *Share, Don't Take the Lead.* Charlotte: Information Age Publishing: 125–45.
- Shipper, F., Manz, C. C., and Stewart, G. L. 2014. "Developing Global Teams to Meet 21st Century Challenges at W. L. Gore & Associates." In Shipper, F., et al. 2014. *Shared Entrepreneurship: A Path to Engaged Employee Ownership.* New York: Palgrave Macmillan: 267–84.

《影响力核能》

[英] 西蒙·兰卡斯特 著

《激励核能》

[加] 彼得·詹森 著

《绩效核能》

李太林 著

《领导力核能》

[美] 约翰·马托尼 著

《团队核能》

[美] 克里斯蒂娜·考弗曼 著

《阿米巴核能》

胡八一 著

突破 · 经管 

《NLP思维》

[英] 杰里米 · 拉萨路 著

《新手主管轻松带人》

王凤奎 著

《销售就是会讲故事》

[美]杰夫 · 布卢姆菲尔德 著

《高情商管理者的6个习惯》

[美]斯蒂芬 · E. 科恩

[美]文森特 · D. 奥康奈尔 著

《复合型领导力》

[美] 埃里克 · 道格拉斯 著

《领导力思维》

[新西兰] 珍妮弗 · 加维 · 伯格

[新西兰] 基斯 · 约翰斯顿 著

突破·经管 Break Through

《成交》

[美] 诺亚·弗雷明 著

《品牌化思维》

[瑞典] 托马斯·迦得 著

《突破》

[美] 琳达·古德曼

[美] 米歇尔·赫林 著

《正向管理》

[美] 马文·温斯伯德

[美] 桑德拉·洁诺夫 著

《正向激励》

[美] 大卫·哈德 著

《正向领导》

[美] 金·卡梅隆 著